百篇案例学《指南》

《3-6岁儿童学习与发展指南》

家长篇

蔡 军 编著

陕西师范大学出版总社　西安

图书代号　JY24N2171

图书在版编目（CIP）数据

百篇案例学《指南》：3—6岁儿童学习与发展指南.
家长篇/蔡军编著 . -- 西安：陕西师范大学出版总社有限
公司，2024.12. -- ISBN 978-7-5695-4677-4

Ⅰ . G613；G781

中国国家版本馆 CIP 数据核字第 20245VR440 号

百篇案例学《指南》
BAI PIAN ANLI XUE 《ZHINAN》
——《3—6岁儿童学习与发展指南》家长篇

蔡　军　编著

责任编辑	王东升	
责任校对	张俊胜	
封面设计	金定华	
出版发行	陕西师范大学出版总社	
	（西安市长安南路199号　邮编710062）	
网　　址	http://www.snupg.com	
经　　销	新华书店	
印　　刷	中煤地西安地图制印有限公司	
开　　本	787 mm×1092 mm　1/16	
印　　张	13.5	
字　　数	216 千	
版　　次	2024 年 12 月第 1 版	
印　　次	2024 年 12 月第 1 次印刷	
书　　号	ISBN 978-7-5695-4677-4	
定　　价	68.00元	

读者购书、书店添货如发现印刷装订问题，请与本社高等教育
出版中心联系调换。电话：029-85303622（传真）85307826

百篇案例学《指南》编委会

组　长：蔡　军

副组长：王晓翌　路　娟　赵四鸿

故事撰写及专家解读：

赵四鸿　王晓翌　师淑彦　谢红梅

许　蕾　王晓戎　杨　蓓

插　图：王立黎

100
ANLI
ZHINAN

前言

　　2012年，教育部颁布了《3—6岁儿童学习与发展指南》(以下简称《指南》)，揭示了3—6岁幼儿学习与发展的基本方向和一般规律，系统描述了3—4岁、4—5岁、5—6岁每个年龄段幼儿发展的典型表现，并提供了相应的教育建议。陕西省教育厅即制定了《陕西省〈3—6岁儿童学习与发展指南〉实验工作方案》，采取"政策推动，教科研引领，培训为先，实验驱动"的方式，在全省范围内进行了为期三年的《指南》贯彻和落实工作，取得了显著的成效，但同时也发现了一些困难和问题，制约了工作的深入推进。陕西省教育厅针对第一阶段发现的突出问题，组织省内学前教育专家团队经过认真调研、充分研讨，于2015年11月制定了《陕西省〈3—6岁儿童学习与发展指南〉实验推进方案》，由省教育厅基教一处具体管理方案的实施，委托西安文理学院学前教育专业团队牵头负责，聚拢陕西师范大学和陕西学前师范学院学前教育专业师资和省内其他学前教育专业研究人员，协同合作，全面启动实施新一轮为期三年的《指南》实验推进项目。

　　以"家园用《指南》，携手乐童年"为主题的第一期实验工作进行一年来，取得了可喜的成果，专家组进入陕南、陕北、关中三大片区共64所实验园进行实地考察，深入园所班级指导，采取与家长座谈、专题讲座的形式深度推进《指南》实验工作。针对《指南》宣传力度不够、家长对《指南》了解不多、缺乏科学教育观和育儿观的问题，搜集案例，组织专家编写通俗易懂、贴近生活的家庭小故事，附之以专家深入浅出的解读，以图文并茂的形式呈现给家长，形成了第一阶段的成果——百篇案例学《指南》小册子。

本册书中的100个案例涉及小、中、大三个年龄段幼儿在健康、语言、科学、社会、艺术五大领域中符合年龄特点的表现及家长在家庭教育中易出现的问题。旨在告诉家长：3—6岁的幼儿是怎样学习的，应当学什么，怎样有效促进幼儿的学习与发展，帮助家长学习和理解《指南》，把握幼儿学习与发展的规律，正确认识和了解孩子，反思和转变自己的教育观念和行为，建立合理的教育期望，理性看待孩子的成长，用科学的方式方法支持孩子的学习与发展，与幼儿园进行良好沟通，取得教育共识。

本册书由陕西省教育厅基教一处组织西安文理学院学前教育专业的教师编写完成，在编著过程中基教一处邀请广西师范大学侯莉敏教授团队莅临指导，并给出了专业性的建议。虽然我们做了大量的调查和精心的梳理工作，但仍然会有不足之处，敬请关心和支持幼儿教育的社会各界人士及家长朋友提出宝贵意见。

"100"这个数字，是一个数量，更是一个象征，一个开始。就好像在大海航行中，有很多家庭带着孩子，甚至还有小婴儿乘坐同一艘轮船，我们必须小心翼翼把握好船舵，因为它是指引这艘船航行的关键，会影响孩子一生成长的方向。希望《指南》100个案例能为家长把好船帆。

CONTENTS 目录

4—5 岁儿童学习发展指南

3▶4岁

儿童学习发展指南

3—4 岁儿童的发展特点

　　3—4 岁幼儿身体器官及机能发育还不成熟，其动作的协调性、准确性有待提高。这个阶段的孩子喜欢跑、跳、踏三轮车，大肌肉虽有发展但耐力差；小肌肉虽还未发展，但双手协调技能有了提高——会握笔涂画，会用剪刀沿线剪直条。此阶段幼儿对环境充满好奇，尤其是新鲜的事物吸引着他们，他们在动手操作、游戏活动中边做边想，认识着周围世界，这是孩子在通过自己的方式思考问题，直觉行动是这一时期思维的主要方式。3 岁是儿童语音发展的关键期，随着儿童掌握的词汇量不断增加，虽然发音还不准确，但他们依然很愿意与同伴或家长交流，爱听故事，经常缠着家长讲故事，还会模仿故事中的人物或小动物，爱模仿是这个阶段孩子的明显特点。另外，此阶段幼儿的情绪性强，常表现得情绪不稳定容易冲动。在与同伴交往过程中会以动作的方式引起成人或同伴的注意，有与同伴共玩的意识，但还不太掌握协作的方式。对美的事物有感知，绘画由涂鸦期转入象征期，对鲜艳及饱和的色彩有偏好；喜欢学习唱歌，对富有戏剧色彩的、情绪热烈的歌曲有共鸣。家长应该充分理解 3—4 岁幼儿的发展特点，抓住日常生活中的点滴帮助孩子，为孩子提供动作、认知、情绪情感、美感等方面发展的各种可能。

1 小·蝴蝶在飞

小红的妈妈带着小红在花园散步，小红被花丛中飞舞的蝴蝶吸引了，她停下脚步，睁着大眼睛好奇地看着那些翩翩起舞的蝴蝶，自言自语地说："蝴蝶在飞呢，小蝴蝶在飞……"妈妈一把拉起小红的手说："快走快走……"小红就这样被妈妈拉着匆匆地继续向前走去……

专家解读

我们应该保护儿童探索外界事物的好奇心。

小红妈妈忽视了在真实环境中小红对外界事物自发产生的好奇，这就失去了锻炼孩子视觉、听觉、触觉等感觉器官的机会，失去了培养孩子观察能力、感受能力以及体验愉快情绪的机会，将不利于小红心智的发展。

因此，当孩子对外界事物产生好奇心和探索的愿望时，家长应抓住时机，适时引导。案例中小红好奇地看着翩翩起舞的小蝴蝶并喃喃自语时，妈妈应该给孩子时间，允许孩子尽情地去看。或者可以和孩子一起看蝴蝶，交流感受，甚至可以启发孩子，提一些问题让孩子观察、思考。例如，蝴蝶为什么要在花丛中飞来飞去？猜猜它们在那里干什么？蝴蝶是什么颜色的？……这样做，不仅保护了孩子探索观察生活中美好事物的好奇心，还培养了孩子的观察能力、表达能力，让孩子有良好的审美情绪体验。

2 折断的画笔

小明是一个爱画画的小男孩，爸爸给他买了一盒新油画棒，小明高兴地抽出一支在纸上画起来。画着画着，"啪"的一声，新画笔折断了！爸爸生气地在小明的屁股上打了一巴掌说："为什么不爱惜新画笔？"小明委屈地哭了起来……

专家解读

　　美术材料本身就是消耗品，只要不是故意破坏，孩子们在使用中难免会有损耗或损坏，这是正常现象，家长不应因此而责骂或者限制孩子对美术材料的使用。

　　年龄较小的孩子，在使用画材时往往不能很好地控制力度，动作缺乏稳定性，容易造成美术材料的损耗；有时孩子们甚至将美术材料当作探索的对象，用自己探索出来的奇特的方式使用材料；加之有些美术材料材质较为脆弱，容易损坏。因此，家长不应限制孩子使用美术材料，也不应责怪孩子对材料的探索，否则，孩子们在使用画材时就会无所适从、胆小拘谨，这不利于培养孩子参与美术活动的兴趣，也违背儿童美术创作的规律。

　　爸爸应谅解小明，并鼓励孩子继续大胆地进行美术创作；或提前告知小明使用画笔时注意不要用力过猛，以免损坏画笔。其实，油画棒即使折断了，也没关系，爸爸可以提醒小明"折断成两节的油画棒"可以继续使用。

3

喜欢涂鸦的小红

妈妈为小红在家里准备了一块"涂鸦墙"，小红每天都会在这块墙上开心地画画。从幼儿园回来后，小红又拿起画笔在涂鸦墙上自由地涂画起来。妈妈走过来静静地坐在一边欣赏着小红的创作。不一会儿，墙上出现了一片凌乱的线条，还有几块无序涂抹的色块。画完后小红得意地对妈妈说："妈妈看我画的！"妈妈搂着小红，微笑着问："画得真好！给妈妈说说，你画的那些线条是什么？这片颜色又是什么呢？"小红兴奋地给妈妈讲解起来。

专家解读

3-6 岁的儿童最喜欢涂鸦，为儿童创造条件满足他们涂鸦的内在需求，是每一位家长应该努力去做的。

根据儿童美术造型的心理特点，儿童的美术表现大体分为四个阶段：涂鸦期、象征期、图示期和写实期。小红正上幼儿园小班，处于造型涂鸦期阶段。这个阶段的孩子，心智的发育还处于初级水平，因此美术表达的形式即是涂鸦的形式。

小红的妈妈是一位了不起的妈妈，她为处于涂鸦期的小红在家里设置了一块涂鸦墙，以满足孩子涂鸦的内在需求，并能理解孩子的涂鸦行为，倾听孩子的心声，很好地保护了孩子涂鸦的天性和自发的艺术行为，这为孩子心智的发展以及推动孩子进入更高级的美术造型的阶段奠定了良好的基础。

别人都比我厉害！

4

妈妈今天又批评乐乐了，因为乐乐弹琴老出错。妈妈生气地说："你看看谦谦，比你还小，跟你一起学的琴，去年人家都在市里比赛中获奖了；再看看琪琪，家里都没买琴，她上次来咱家玩，都能弹好几首曲子了。我花那么多钱，给你又是买琴，又是请老师教，你现在连一首完整的曲子都弹不好，净出错。你咋这么笨呀！"乐乐被妈妈说得哭了。乐乐好难过，他心里想：妈妈是不是想让别的孩子当她的宝宝了。他再也不想练琴了。

专家解读

　　孩子能经常得到来自家庭的爱和安全体验是他情绪愉快的源泉，有助于他健康心理状态的形成。

　　弹琴需要手指动作的充分发展，对于乐乐来说，他还小，精细动作发展尚不成熟，而且弹琴不一定是他感兴趣的事情，所以，他不能表现出让父母满意的水平。拿他不擅长或表现不佳的事情分别与他人做对比，不合逻辑，更具伤害性，会使孩子的自我评价度降低，自信心脆弱……

　　父母要以欣赏的态度发现孩子的优点，接纳孩子的个体差异。每个孩子都是"独一无二"的，具有其他孩子所不具备的天赋和长处。家长们应多尝试从孩子身上挖掘"闪光点"，改变以批评为主要导向的评价方式，让孩子从鼓励表扬中感受父母的爱，情绪愉快地自由发展。还要从内心接受孩子差异性表现，分享他们的成绩，分担他们的挫败，带孩子实现自己"与众不同"的人生。

5 胆小的丫丫

丫丫平时有外婆带，所以爸爸妈妈每次出去应酬的时候都很放心地把她留在家里。今年上幼儿园后，老师反映她特别胆小怕生。最近，妈妈的同学一家人从外地来玩，他们也有一个年龄差不多的小孩，所以妈妈就带丫丫一起去跟客人吃饭。

妈妈给丫丫穿上她最喜欢的衣服，还编了好看的发辫，把她打扮得漂漂亮亮的。可是，丫丫见了客人就往妈妈背后藏，搞得妈妈很尴尬。

回来的路上妈妈数落了丫丫，觉得丫丫让自己丢了脸。

专家解读

能在家人之外的新的人际关系中表现出一定的适应性是儿童适应能力发展的标志之一。

丫丫一直生活在比较单调的人际关系中，父母较少带她体验不同的人际关系情境，所以她对与陌生人交流既在心理、情感方面没有准备，又在方法策略上毫无经验，这是她害怕或害羞的主要原因。社会交往能力不是天生的，需要在成长的过程中培养和形成，越是有较多体验和锻炼机会的人，越容易获得交往经验和策略，也就不易害怕和害羞。

经常带幼儿接触不同的人际环境，如参加亲戚朋友聚会，多和不熟悉的小朋友玩，使幼儿较快适应新的人际关系。父母不要嫌带上孩子麻烦，会影响自己的社会交往质量，也不要觉得孩子太小，不需要参与社会交往，而是应该有意识地带孩子出去，到不同的地方，见见不同的人和事，领略不同的风土人情。孩子见识增多、经验丰富不仅可以提高对陌生环境的适应能力，还能促进孩子的智力发展，塑造良好的性格。

6

城里娃爱农村

小四班的亮亮最近跟爸爸回了趟农村老家。

村里的小孩子带着亮亮在院子周边、田间小路上追逐打闹、跳上跳下，爸爸看着这场景仿佛回到了自己的童年时代。刚开始，爸爸发现亮亮胆小谨慎，也容易摔倒，都不敢放手让他自己去玩。没几天，亮亮也能像其他小朋友一样自如了。

到了回城时间，亮亮显得有点依依不舍，他跟爸爸提出要求，下次放假还要回来玩。

专家解读

丰富多彩的体育游戏对促进幼儿各项身体机能的良好发展十分重要，走、跑、跳、钻、爬、投等基本动作的发展及协调、灵敏、柔韧等身体素质的提高都是在这些活动中实现的。

受环境特质和教养观念的影响，大多数生活在城市的孩子在体育游戏的参与上被限制得较多，近似于"圈养"，亮亮就是其中的一个。所以，当他被带到另一个新的更贴近大自然的环境时，便被激发起很多平时隐藏着的能力，身体机能快速提高，社会交往能力也得到了发展。

大自然是最好的游戏场，能提供给孩子各种感兴趣的材料和锻炼机会，要利用多种活动发展身体平衡和协调能力。父母们要尽可能创造条件利用自然资源培养和塑造孩子的身心，比如，周末带孩子去郊外爬爬山，戏戏水，赏赏花……既能领略自然之美、陶冶情操，又能增加发展锻炼孩子身体机能的机会，何乐而不为？

7

妈妈再也不想去郊游了

　　涵涵跟妈妈很亲，妈妈也很疼爱涵涵。平时，出去散步时，只要涵涵不想走，妈妈都会满足他的要求抱着他走。上幼儿园后，爸爸想有意识地鼓励孩子自己多走走路，但妈妈觉得孩子还小，能抱就多抱，再长大点还没机会抱了。

　　春天，天气暖和了，爸爸带着全家人一起去郊游。他们去了近郊的山上看花，山路不算太陡，但不是上坡就是下坡，整个行程中，涵涵一步路都不愿走，全程要妈妈抱。

　　一天下来，妈妈累惨了，她说再也不想去郊游了。

专家解读

　　走是人们参与正常生活的基本动作之一，让孩子自己走走路，能锻炼孩子走的能力，坚持自己走较长的路，还能发展孩子的耐力。

　　涵涵和很多幼儿一样，学会走路后就渐渐对自己走路失去了乐趣，不愿意自己走。如果父母觉得孩子还小，抱着走也不会太累，甚至觉得孩子提出让自己抱是一种荣耀，那么，无意识中就错失了提升孩子走的动作质量和提高孩子耐力水平的机会。人的身体素质和功能越锻炼越强，幼儿锻炼机会的获得、锻炼习惯的养成与父母有直接关系。

　　为了发展儿童具有一定的力量和耐力，应该在日常生活中多走路，鼓励孩子坚持走路。父母要有意识地把走、跑等看似简单的活动当作发展孩子身体素质和能力的重要契机，理智地处理孩子提出的保护要求，考虑孩子的承受能力，有策略地带孩子开展形式多样的游戏，以促成孩子动作、体力等素质的全面提高。

8

我要自己扣扣子

露露上幼儿园不到两个星期就学会自己穿衣服、扣扣子，虽然有时候会把衣服穿反，扣子也扣不好，但她非常愿意自己做。早上起床，看着笨拙地扣扣子的露露，妈妈很着急，想着照这个速度等下去自己上班肯定会迟到，所以妈妈拨开露露的小手，替她迅速地扣好了扣子。

露露难过地哭了，妈妈边哄她边抱着她往幼儿园跑，送进班就急匆匆地跑去上班了。老师看到露露在哭，就了解了情况，在下午接孩子的时候，跟露露妈妈说了自己的建议。露露妈妈不以为然地说，等孩子再长大点自然就会扣扣子了。

专家解读

动作发展经历一个由粗大到精细的过程。能用手指进行一定的活动就是精细动作发展的突出表现，儿童的生活自理能力发展依赖于此。

随着年龄的增长，生理成熟水平提高了，再加上一定的锻炼，露露上幼儿园没多久就学会了自己扣扣子，并且愿意把自己的能力展示出来，虽然动作并不熟练，但足以值得称赞。妈妈以她务实的考量粗暴地剥夺了露露练习和展示的机会，并对此不以为然。诚然，孩子确实慢，耽误时间；再长大些，这也不算个事。但任何能力的发展都不能离开充分的锻炼，一项练习也绝不只是实现一种能力的发展。在成人眼里，扣扣子是"小儿科"，但孩子要长成参天大树，这些"小儿科"都是向大地汲取养分的"根"。

生活中有很多事情都蕴藏锻炼价值，都是发展儿童精细动作的机会，画画、叠纸飞机、拿筷子吃饭、扣扣子、系鞋带……充分利用这些活动，让孩子自己动手，不轻视、不嘲笑、不催促、不替代，孩子是"蜗牛"，陪他一起爬。

9 可乐真好喝

上幼儿园后，妈妈给豆豆报名参加了足球训练班，每周六早上都要训练。孩子们在草地上踢足球，妈妈们则坐在旁边一边关注着孩子一边分享各自孩子的趣事，也是笑声不断。

豆豆妈妈看着满头大汗的儿子喊道："豆豆，过来喝点水！"拧开水杯盖举着等孩子过来喝。豆豆跑到妈妈跟前，一看水壶，扭头边跑边说："我不喝水，我要喝可乐！"妈妈无奈地盖上水杯，对其他妈妈说："我这儿子，从小就不爱喝水，只爱喝可乐，家里的可乐瓶一堆一堆的。"说完起身去买可乐了。

专家解读

水是构成我们身体组织、细胞的重要营养素，儿童身体中水的比重比成人更大，更需要补充水。多喝白开水才能满足身体对水的需求。

现代生活中，商家制造出很多饮品，这些饮品的口味对儿童具有很大的吸引力，豆豆就是一个从小爱喝饮料并已经建立了对特定饮料口味依赖的幼儿。有的家长会觉得喝饮料和喝水差不多，都能满足儿童补水的需求，这是一种错误观念。饮料中包含的各种糖分和添加剂，过多摄入会给儿童身体发育带来不利影响，喝白开水才是最好的补水途径。

家长要明白饮料不能替代白开水的科学道理，帮助幼儿形成良好的饮水习惯，多喝白开水，少喝饮料。在日常生活中，尽量少买各种饮料，让孩子明白喝饮料对身体的害处；随时为孩子准备好干净卫生、温度适宜的白开水，有意识地定时提醒孩子喝水；在孩子游戏和运动时，携带白开水，理智地拒绝孩子提出的买饮料的不合理要求；等等。

★10 陌生人都是大灰狼

小玉长得很可爱，妈妈带他出去时总会有人来逗他、抱他玩，这时候小玉不但不哭不闹，还很配合大人。妈妈自从在媒体上看到许多拐卖儿童的新闻后，特别担心自己孩子不怕生的情况。所以，她就经常告诉小玉坏人会把小孩子骗去卖了，碰上乞讨儿童就告诉小玉这些孩子就是被拐卖的孩子，把《小红帽》故事改编成大灰狼吃了小红帽，等等。

她也不太带孩子到人多的地方玩，即使出去也把孩子抱得紧紧的，不让他自己走。

现在，别人一逗，小玉就害怕地哭，也不要别人抱。妈妈觉得，自己的教育总算有成效了。但今年上幼儿园后，每天早上小玉都哭得稀里哗啦的不愿去。

专家解读

对幼儿进行安全教育是必要的，可以帮助他们在意外发生的时候做出最有利的选择，但安全教育不能引起幼儿对外部世界的恐惧。

小玉天真无邪，对外面的人和事物表现出天生的善意和亲近，他也很讨人喜欢。妈妈接受了很多负面信息，为避免自己担心的事情发生，就为小玉建立起了隔离外部世界的"壁垒"。这看似合理，却又极其荒谬。安全感是幼儿心理健康的重要组成部分，以安全教育之名侵害了幼儿的安全感是多么残忍的事情。

父母、老师在生活中通过自己的经验和辨别能力帮助幼儿避免危险，逐渐形成自我保护意识与能力，譬如，不跟陌生人走，不吃陌生人的东西，等等。在具体实施教育中，要坚持正面教育的原则，不能以威胁、恐吓的方式使幼儿形成对世界的负面认知。

11 蜡烛的探索

夏天的傍晚天气闷热，3岁3个月的小初和妈妈坐在客厅看动画片，忽然停电了，妈妈找出一根白色的蜡烛点燃放在客厅的茶几上。不一会儿，燃烧并跳动的小火苗吸引了小初，小初目不转睛地盯了一会，竟然慢慢伸出手去想要抓住火苗。妈妈发现后便及时拉住了小初的手，看着小初的眼睛对小初说："不能用手去碰火苗，火苗很烫，烫了手会很疼。"小初看着妈妈的眼睛点了点

头。过了一会，当妈妈站起身去厨房拿牛奶时，只听见客厅传来小初的哭声，再看，小初举着被烫出一个小泡的食指哭着对抱起自己的妈妈说："烫，疼。"

两个星期之后，妈妈抱着小初站在厨房的门口，炉灶上是一口冒着蒸气的大锅，小初盯着白色的水蒸气看了好一会儿，妈妈笑着对小初说："这是蒸气，很烫，摸了会怎么样呢?"小初立刻说："会疼。"并把自己的手紧紧藏在了身后。

专家解读

此阶段儿童的思维发展特点是直观形象思维，他们对周围环境中的人和事非常好奇，在了解事物的过程中因好奇和兴趣会产生很多疑问，并会用动作的方式去尝试解决疑问；能听到成人的语言提示,但对语言的意义缺乏真正的理解。家长与幼儿交流的过程中应充分考虑这些特点。

日常生活中家长要允许孩子以自己的方式进行探索。"睁大眼睛看世界，伸出小手摸世界"，这几个字可以形象生动地概括此阶段孩子。对孩子而言，很多知识不是听会的，而是在做中学会的。

家长与孩子交流的过程中可多做动作示范。语言是人类交往的主要工具，对幼小的孩童来说，真正理解人类社会的所有语言需要一个漫长的过程，孩子能听到语音并不能代表能理解语意，因此家长可以借助肢体动作帮助孩子理解语言。

注意家中物品的安全摆放。越是年幼的孩子越没有安全意识，世界在他们眼中极具挑战性，"摸一摸、听一听、尝一尝"是他们与世界对话的方式，家长要有预见性，及时排除孩子身边的危险因素，让孩子在安全的环境中进行自由探索。

12

积木里的秘密

3岁半的小初得到了一盒"快乐小镇"的积木，兴奋欣喜的他迫不及待地打开盒子，把一百多块积木全取了出来，开始接轨道铺设公路，选择合适的地方设置了镇政府、医院、警察局、学校、商店等设施，把机场建在了小镇的一角。所有搭建全部做完，小初拿起了一架直升飞机，自言自语地说："现在我是直升飞机驾驶员，我要开始工作了。"选择从机场起飞后小初把飞机停在了警察局，他嘴巴里说着："我现在停在了警察局的旁边。"然后就开始了不停地起飞降落，并一直喃喃自语："我现在在公路上方，我现在在商店旁边，我现在在学校楼顶上，我现在去医院里边，我要从大桥底下穿过。"

专家解读

对空间关系的理解与应用是几何初步的基础，儿童最初是通过日常的身体运动去认识空间的。随着儿童在空间里移动身体，逐渐学会了分辨自己和物之间的位置关系、物和物之间的位置关系等。随着儿童年龄的增长，他们可以利用材料的摆放，更进一步理解"里外、上下、前后、左右"等位置关系。

积木的种类多样，可以随意摆搭，是孩子最喜爱的玩具之一。案例中的积木以"快乐小镇"命名，决定了在搭建的过程中孩子要有大致的规划，选择合适的位置，并进行有序的摆放，数学的空间位置内容的学习已经隐含在了积木游戏中。家长在为孩子选择玩具时不妨仔细研究一下玩具所蕴含的教育内容并进行合理的价值判断，在玩玩具的时候让儿童以游戏者的身份参与其中，提升儿童游戏的品质。

13 故事可以这样讲

3岁半的小初最近非常喜欢听故事《谁咬了我的大饼》，每天都要让妈妈讲好几遍，自己也对故事的内容倒背如流。一天当小初又选择了这本书要妈妈讲时，妈妈灵机一动问小初："儿子，这本书里有哪些动物呀？它们的牙印都是什么样的？"小初不假思索地回答道："有小兔子、小鸟、狐狸、鳄鱼、河马，还有小猪，它们的牙印都不一样。"妈妈看他非常熟悉故事了，便提议道："咱们今天换个方式听故事，妈妈和你来表演这个故事吧。"于是在妈妈的建议下，小初和妈妈一起为故事里的每个动物设计了语言和动作，又找来了家里的床单当幕布，开始了独幕剧表演。

专家解读

阅读是伴随我们一生的好习惯，孩子从小就在爸爸妈妈的陪伴下开始了漫长的阅读历程。首先，父母要为孩子精心选择绘本。在众多的故事书中，《谁咬了我的大饼》属于科学文艺作品，里面有儿童熟悉的动物、反复出现的情节、简短的对话，所有这些都深得年幼孩子的喜爱。当然随着孩子年龄逐渐增长，绘本的选择相应地也会有不同。

其次，年龄阶段的不同决定了孩子阅读方式的不同，家长可以在阅读的过程中尝试与孩子体验各种演绎的方式，尝试用多种方式对故事进行演绎。形式的变化能够引起幼儿更浓厚的兴趣，同时也为幼儿多种能力的完善和发展提供了途径。

14

不受欢迎的雄雄

　　小区里，一群小朋友玩得正起劲儿，忽然有人喊道："雄雄来了！雄雄来了！"听到这，大家一哄而散消失得无影无踪。

　　一天下午，雄雄妈妈和邻居接孩子回来，在院子里的时候两个孩子还有说有笑，上楼梯时忽然传来"啪"的一声脆响，两个妈妈回头一看，雄雄正得意地笑着，而另一个孩子却捂着脸撕心裂肺地哭着……

　　没有小朋友愿意和他玩，但雄雄好像很得意，他觉得小朋友们都怕他。其实在这个小区里3岁的雄雄是个恶名远扬的孩子，他经常以欺负别的小朋友为乐。

　　人们经常这样议论他"雄雄这孩子从来不吃亏"，"雄雄这孩子该好好教育，太霸道了！"……但雄雄的父母好像对此不以为然。

专家解读

　　故事中的雄雄经常动手打人，存在攻击行为。攻击行为属于儿童社会性发展中的问题行为，会给别人带来伤害和困扰，其他儿童因此会疏远或者排斥和他交往。具有问题行为的儿童往往因为不知道该怎么做来改善其问题行为。父母应以他人的间接经验将儿童所缺乏的经验直观呈现，让儿童知道欺负别人就没人愿意和他玩，从而起到帮助儿童避免问题行为的作用。如果儿童能够经常观察到他人的良好行为，便会增加他自己出现这种良好行为的频率。如一个生活在和谐友爱、父母亲经常主动帮助别人的家庭环境中的儿童，总是能够看到周围的人在帮助别人，他的助人行为也会发生得频繁。

　　家长可以经常和幼儿玩带有规则的游戏，遵守共同约定的游戏规则；利用实际生活情境和图书故事，向幼儿介绍一些必要的社会行为规则，以及为什么要遵守这些规则。在幼儿园的区域活动中，教师可创设情境，让儿童体会没有规则的不方便，鼓励儿童讨论制定规则并自觉遵守。

15 玉玉会自己玩了

妈妈正忙着打扫卫生，3岁的女孩玉玉在哭叫，她想要得到妈妈的注意。妈妈忙着手里的活儿，告诉玉玉等妈妈忙完就陪她一起玩游戏，给她讲故事。5分钟后，玉玉停止哭叫，拿出布娃娃玩了起来。妈妈忙完后，表扬玉玉能在妈妈忙的时候自己玩，是个好孩子，并马上坐下来给玉玉讲故事，告诉玉玉："妈妈忙时你表现好，就能听妈妈讲故事。"以后玉玉又有两次哭着让正在忙的妈妈陪自己玩儿，妈妈都以同样的办法处理。再后来，玉玉看到妈妈正忙时就不再哭闹，而是自己在一边玩了。

专家解读

案例中的玉玉在妈妈的帮助下已经能够初步控制自己的行为。

儿童良好行为习惯的养成需要成人正确引导和强化。首先，父母应准确、清晰地告知儿童强化计划，以取得儿童的积极配合。其次，在期待行为出现后应立即予以强化，不要拖延很长时间。再次，给予儿童强化物时，应向儿童准确描述被强化的具体行为，而非笼统概括的语言表述。如在表扬儿童时应说："你今天把玩具整理得真整齐！"而不是"你真棒！"准确、清晰的行为表述能够让儿童明确自己哪些行为做得好，今后该怎么做。最后，应结合其他奖励（如口头表扬、拥抱、微笑等）逐渐培养儿童良好行为习惯。

家长在保证安全的情况下，支持幼儿按自己的想法做事，或提供必要的条件，帮助他实现自己的想法。儿童自己的事情尽量放手让他自己做，即使做得不够好，也应鼓励并给予一定的指导，让他在做事中树立自尊和自信。鼓励儿童尝试有一定难度的任务，并注意调整难度，让他感受到因努力而获得的成就感。

16 齐分享，乐趣多

　　3岁的小女孩圆圆可宝贝自己的玩具了，小朋友过来想找她玩儿，她就把玩具护得死死的，谁都不给摸一下，慢慢地没人来找圆圆玩游戏了，也没人理圆圆了。小朋友在一起玩耍时，圆圆把玩具抱在怀里孤零零地看着他们玩，她想和小朋友们玩但又舍不得自己的玩具，也不知道如何融入小朋友的游戏，心里挺难受的。妈妈发现这个问题后，对圆圆说："我们做一些好吃的把小朋友们请到家里来好不好呀，你把玩具拿出来和小朋友们一起玩，以后你想玩别人的玩具别人也会同意的，好的玩具你们一起玩才更有意思。"圆圆听后邀请了小朋友来家里，他们一起玩得可开心了。

✎ 专家解读

　　故事中的圆圆过于珍惜自己的玩具，表现出比较自我的行为，不懂得有好东西要与他人分享，所以其他儿童逐渐疏远她了。圆圆也因缺乏与人友好相处的技巧，变得孤单。妈妈动员圆圆邀请小朋友到家里来做客，和大家分享好吃的食物和玩具。儿童良好的社会性需要不断完善和健全，家长可以鼓励儿童和小朋友一起玩游戏，使其融入其他小伙伴的游戏中。圆圆的妈妈邀请其他小朋友到家里玩是拉近小朋友们关系的好方法，对这种行为应给予肯定，为幼儿创造温暖、平等、关爱的生活氛围，逐步发展幼儿的社会性。建议家长经常带儿童一起参加群体性的活动，让儿童体会群体活动的乐趣。如家长参加亲戚、朋友和同事间的聚会以及适合幼儿参加的社区活动等；支持幼儿和不同群体的同伴一起游戏，丰富其群体活动的经验；鼓励幼儿和他人分享玩具、图书等。

17 我再也不问了

3岁的奇奇原来对外界一切事物都有着很强的好奇心，走在街上经常不停地问这问那。有一次奇奇和爸爸去街上玩儿，奇奇好奇地问这问那，爸爸刚开始还耐心给他解释，随着儿子的问题越来越多，后来爸爸干脆就不理奇奇了。走着走着，奇奇看到了一个标志，就问爸爸："为什么这个标志是这个样子？"爸爸不耐烦地回了一句："这和你没有关系，人家想做成什么样子就做成什么样子。"奇奇因多次提问却得不到回应，便再也不问爸爸了。

专家解读

故事中的儿童具有初步的探究能力而且好奇心非常重，他们想了解外界的一切事物。儿童自己的事情尽量放手让他自己做，即使做得不够好，也应鼓励并给予一定的指导，让他在做事中树立自尊和自信。

家长要有知识储备和学习意识，尽量满足孩子的求知欲和好奇心，教会孩子解决问题的方法，让他了解自己想知道的事。父母对孩子的提问要耐心讲解，如果自己也不是很清楚，可以查资料或者咨询他人，告诉孩子正确的知识，保护孩子的求知欲。家长教育孩子需要有责任心，尽可能和孩子一起探究，这样既能培养孩子对事物的探索兴趣，提高他的探索能力，也可为他以后学习打下良好的基础。

18 激发孩子的爱国意识

3 岁的聪聪是一个爱问问题的男孩，每一次看到一些自己不知道的东西都会问爸爸妈妈。十月一日国庆节，聪聪的父母带聪聪旅游，参加了天安门广场的升国旗仪式。聪聪很好奇，问："为什么五星红旗有五颗星？为什么升国旗时还要唱国歌？"妈妈针对聪聪的问题一一做了回答，还告诉聪聪中国的国土、人口、民族等等好多常识，激发了孩子的爱国意识。聪聪调皮地说了一句："我是中国人，我骄傲，我自豪！"

专家解读

《指南》社会领域教育目标提出儿童应具有初步的归属感：能说出自己家所在的省、市、县（区）、街道（乡镇）、小区（村）的名称；知道当地有代表性的物产或景观；认识国旗，知道国歌；知道自己是中国人；奏国歌、升国旗时能自动站好。故事中聪聪的妈妈善于适时地给孩子普及一些常识性的知识，满足了孩子求知的需求，保护了孩子的学习积极性。

运用幼儿喜闻乐见和能够理解的方式激发幼儿爱家乡、爱祖国的情感，利用电视节目或参加升旗等活动，向幼儿介绍国旗、国歌以及观看升旗、奏国歌的礼仪，从而形成孩子的民族自豪感。例如，和儿童一起外出游玩，一起看有关的电视节目或画报等；和儿童一起收集有关家乡、祖国各地的风景名胜、著名的建筑、独特物产的图片，并在观看和欣赏的过程中激发儿童的自豪感和热爱之情。

19

争强好胜的晶晶

4岁的晶晶自尊心很强、事事都想争第一，不愿意接受别人的批评，心里承受能力弱。例如，为了放学排队能站第一，匆匆吃饭；玩游戏时，如果没有比其他小朋友表现得好，没有受到老师及家长的表扬，就对这个游戏失去兴趣；做错事情的时候被父母批评，小的时候她不会反抗，会躲到一边通过抓墙的方式去发泄，大一点了她会抛出"我讨厌你们、我不喜欢你们了、你们不爱我了"等话语来反击家长，这让爸爸妈妈很头疼，也很担心！随着这个问题越来越明显，爸爸妈妈采取了很多方式试图去改变这个现象，但效果不明显，这让爸爸妈妈在教育过程中很纠结。

专家解读

晶晶的表现和家长不能恰当地评价孩子的行为有关。家长应对幼儿好的行为表现多给予具体、有针对性的肯定和表扬，让他对自己优点和长处有所认识并感到满足和自豪。同时让儿童自然地承受行为过失或错误直接造成的后果，让他们在承受后果的同时感受到不愉快的情绪体验，从而引起自我悔恨，改正缺点和错误。

对于幼儿在体会"惩罚"过程中做出的微小进步，家长应及时予以表扬、鼓励和强化，当儿童体会到自己的不良行为所带来的不良后果时，常会做出一些积极行为想要摆脱这种"惩罚"。这些或许很微小的积极行为正是儿童对自己不良行为反省之后的结果，是儿童想要改正不良行为的开端，成人要及时地进行引导、表扬和鼓励，有时还需要给予适当的帮助和指导。

乱扔玩具的兰兰

20

　　兰兰今年3岁半，上小班，她喜欢各种各样的玩具，父母也满足她的各种需要，给她买了好多玩具。在幼儿园，她玩完玩具之后从来不把玩具放回原位，老师为此特别头疼。在家中，兰兰更是任性，她会将各种玩具从抽屉里、桌子上、架子上拿出来，并随意丢在地板上，弄得乱七八糟。虽然兰兰父母在一旁制止她乱扔，但兰兰就是不听话，继续乱扔，对此，父母也只好等她玩好了，再去默默整理好玩具。

专家解读

　　故事反映了《指南》中遵守基本的行为规范目标：感受规则的意义，并能基本遵守规则的重要性。

　　兰兰父母这种做法是不正确的，他们采取"不要扔，不许扔"这样的命令口气对幼儿是无济于事的，语言上的命令只会增加幼儿的逆反心理，而且父母不应该对孩子任何要求都去满足。

　　很多父母都会遇到这种问题，父母可以委婉地告诉孩子："你以前做得很好，今天怎么不收拾啊，忘记了吗？"让孩子自己去发现去回忆，产生"愧疚感"，从而主动收拾玩具。

　　同时父母应该帮助孩子收拾玩具，而不是自己独揽，在日积月累中使孩子养成爱整洁、有规律的好习惯。

　　父母在满足孩子要求的时候，要分清好坏，不合理的要求一定不能满足孩子。结合社会生活实际，帮助幼儿了解基本行为规则或其他游戏规则，体会规则的重要性，学习自觉遵守规则。

21 乱敲锅碗的妞妞

妞妞是个 4 岁的小女孩。她特别喜欢在家里敲敲打打，拿到玩具也敲一敲，对家里的每个东西都很好奇，这里敲一敲，那里敲一敲，时刻不闲着。妈妈非常喜欢安静，她总是责备妞妞，不让妞妞发出声音。有一天，妈妈在看电视，妞妞拿着筷子溜进厨房，一会儿敲敲锅，一会儿敲敲碗，玩得非常起劲儿。妈妈实在忍无可忍，冲进厨房没收了妞妞的筷子，还狠狠地批评了她，惩罚她不许玩玩具，马上去睡觉。妞妞委屈地哭了。

专家解读

4 岁的孩子正是对任何事情都好奇的时候，特别喜欢探索生活中的各种事物，对声音的探索是其中非常重要的方面。要培养儿童对音乐的感受力，首先要培养儿童对自然界和生活中各种声音的敏感力。

妞妞正处在对各种声音好奇的阶段，这样的现象是非常正常的。能对周围东西的声音感兴趣并主动去探索，非常难得和可贵。在孩子出现这种情况时，家长要保护孩子对声音感受的积极性，不能粗暴地打击和管制孩子。

家长可以和孩子一起去探索不同音色和不同力度带来的不同的声音感受，和孩子一起游戏。但同时也告诉孩子，不要影响其他人的休息。可以在经过允许后玩一会儿，然后换其他游戏。也可以带孩子去户外探索更多的声音。

22

自己发现错误，太棒啦！

小胖是个4岁的胖乎乎的小男孩。妈妈发现小胖最近迷上了唱歌，每天在家都会唱时下最流行的歌曲《大王叫我来巡山》。走路也唱，玩玩具也唱，甚至洗澡的时候也会唱歌。这天，吃饭的时候，小胖一脸严肃地问妈妈，有没有发现最近他唱的歌有什么不一样了？妈妈一脸迷惑，不是唱歌吗，有什么不一样呢？小胖认真地告诉妈妈，他今天终于知道《大王叫我来巡山》的歌词了，不是"打打你的肚，敲敲你的头，啦啦啦啦啦啦啦"，而是"打起我的鼓敲起我的锣，生活充满节奏感"，还特别认真地为妈妈唱了一遍。小胖说，他以前没有听清楚歌词，今天在幼儿园老师教了认乐器，老师还唱了这首歌，他才知道原来歌里是这样唱的，还认识了鼓和锣都是打击乐器。妈妈为小胖的认真而特别高兴，还专门将这首歌下载在手机上，晚饭后妈妈和小胖在散步的时候一起唱起了这首好听的歌。

专家解读

小班的孩子在学习歌曲的时候往往因为听的原因，不能很好地把握歌词，这是非常正常的现象。家长可以注意观察孩子的变化。

小胖能够自己关注歌词，发现唱得不对，并且能够找出自己唱错的地方，通过各种方式学习和纠正，这本身就难能可贵，表明这个孩子的学习品质非常好。小胖能够觉察错误，找出自己不会的地方，并且解决问题，这正是用音乐培养学习品质的一个很好的例子。

音乐学习并不只是技能技巧的训练，更重要的是对孩子良好学习品质的培养。

23

跑调是怎么造成的

小胖是个 3 岁半的胖乎乎的小男孩，长得非常可爱，是爸爸妈妈和爷爷奶奶最亲爱的宝贝，一家人每天都想尽办法无微不至地呵护着小胖。小胖非常喜欢唱歌，经常嘴里哼唱着各种妈妈也听不懂的调调，游戏的时候也唱，走路的时候也唱。一天放学，老师告诉妈妈，小胖其他都很好，就是唱歌跑调。唱歌的时候总是会走音，或者唱不清楚歌词。马上要过六一了，班上会组织小朋友合唱，希望妈妈能在家里教教小胖。妈妈很困惑，为什么小胖会跑调呢？吃过晚饭后，妈妈和小胖一起唱歌，发现原来小胖没有听清楚歌词，所以才会唱错歌词。妈妈放慢速度，和小胖一起很慢地唱歌，不一会儿小胖就唱准了歌曲。由于妈妈唱得很慢，小胖听清楚了歌曲的旋律。几天后小胖终于学会唱幼儿园教的歌曲，在六一的演出中，小胖还被老师选到第一排中间的位置了。

专家解读

孩子学习唱歌是整体听唱法，特别是年龄小的孩子必须要听清楚才能唱准。

老师和家长在示范的时候一定要尽量清唱，速度要慢，并且唱的时候要完整地一遍一遍唱给孩子听，而不是一句一句地教唱。孩子唱不准旋律和歌词，大部分的原因都是因为没有听清楚，一些歌里对孩子来讲比较陌生的歌词（比如《勇敢的鄂伦春》中高高的兴安岭，兴安岭就是孩子完全陌生的），需要专门抽出来解释给孩子听，这样就会降低孩子唱歌时出现的不准确的问题，几乎没有五音不全、天生跑调的孩子，大部分的原因都是因为教唱的速度太快，儿童没有听清楚造成的。

小胖的妈妈处理得非常好，这样耐心地对待孩子，孩子就会喜欢上唱歌。

24

电视当保姆

妈妈忙了一天的工作，回家又做家务，又做饭，等这一切都忙完了，妈妈已经很累了，正想打开手机看看，放松一下。小宝像往常一样跑过来，要妈妈讲故事听，还会问妈妈很多问题。这时妈妈愁眉紧锁，因为她不知道该给小宝讲什么样的故事，怎样回答小宝那一堆奇怪的问题，对她来说这真是一件令人头疼的事。

为了应付小宝，妈妈只好打开电视找动画片给小宝看，小宝乖乖地看着一个接一个的动画片，渐渐地沉浸在动画片的世界里了，再不来缠妈妈了。妈妈觉得她好像给小宝找了个好"保姆"，终于解脱了。

可是时间长了，小宝和妈妈的话也少了……

专家解读

这样的"保姆"看似可以在一段时间内帮家长安全地照顾幼儿，实际上"弊"远大于"利"。

在看电视的过程中，幼儿处于单向的被输入状态，对于故事情节的理解和想象停留于动画片的画面呈现，语言仅限于动画片中人物的对话。没有人际交往，也没时间思考，完全按照编剧设定的情节和逻辑接连不断地进行下去，儿童只能被动接受。它对幼儿的语言交际能力、思维能力、想象力的发展及词汇量的扩大都有相当大的消极影响。

建议家长尽可能和孩子进行亲子互动的活动，比如边干家务边和孩子聊天；睡前和孩子一起读一本书；不能陪孩子时，也不要依赖电视，可放一些儿歌、故事让孩子听。比起电视，这些方式更有利于丰富孩子的词汇量和想象力。

25 躲在大人身后的苗苗

星期天，阳光明媚，鸟语花香，爸爸带着可爱的苗苗去公园玩，在路上他们遇见了爸爸的一位朋友。爸爸和那位叔叔寒暄了几句，很有自豪感地拉着苗苗对朋友说："这是我的宝贝闺女。"然后看着苗苗说："问叔叔好。"这时只见苗苗不停地往爸爸身后躲，爸爸觉得有些尴尬。待那个叔叔走后，爸爸责怪苗苗不大方，怎么不愿意和人打招呼。苗苗委屈地说："你们说不要与陌生人说话！我又不认识那个叔叔。"

爸爸听后有点说不上话来，只能叹了口气，拉着苗苗的手继续走。

专家解读

这个案例中的孩子的确委屈，明明大人说不要轻易和陌生人说话，却又责怪孩子不主动与他人打招呼。

因为现在社会上的确有诸多不安全因素，所以我们会告诫孩子不要和不认识的人说话，也很少能放心地让孩子在公共场合自由与他人交流。孩子语言交往的对象十分有限，主动与人交往的经验和技能更是匮乏。

如果这个人是家长熟悉的人，那么也请好好给孩子介绍，这样孩子才能大方地与人交流。刚开始孩子会不好意思，说不出口，家长可以通过角色扮演（玩娃娃家）或与孩子就类似内容的绘本故事讨论、表演，让幼儿熟悉一些与别人打招呼的语言，并经常带孩子参加和朋友、亲戚、同事、邻居的交往活动。这样就逐渐能够"愿意在熟悉的人面前说话，能大方地与人打招呼"。

"问题"宝宝

26

在小明爸爸妈妈的眼里，小明是个"问题"宝宝，每天都有各种各样的问题，而且打破砂锅问到底，爸爸妈妈想随便应付都不成。这天晚上，小明和妈妈一起看《上床睡觉》，看到了"穿着白大褂，露出里面粉色蕾丝花边衣服的鳄鱼大夫"。小明突然问妈妈："鳄鱼大夫是男的还是女的?"妈妈想都没想就说："男的。"小明仔细看了看，说："我觉得是女的，因为她穿着有蕾丝花边的粉色衬衣。"小明妈妈拿起书仔细一看，还真是呀。随后妈妈拍了拍小明的脑袋，夸他"真是个细心的宝宝"。

专家解读

这是一个爱观察、爱动脑、好问好学的孩子。爸爸妈妈虽然"头疼"，但值得肯定的是他们对孩子还是宽容、耐心的，只是支持和发展的策略欠缺，所以只能被动应付。

对于学前儿童来说，好奇心是极为宝贵的。人类对未知世界的探索正来源于此。从3岁到6岁，儿童的知识经验在逐步地丰富，他们也尝试用这些知识经验去了解世界，并在与周围人的互动中做出各种判断。而在此过程中，儿童的思维能力（内部语言）以及对语言的理解、表达能力会得到进一步发展。

所以，建议家长们能耐心地听孩子的话，先不急于肯定或否定，可以用追问的方式，比如"你怎么知道?""为什么?""还可能怎么样?"鼓励幼儿多探索，多观察，以幼儿的视角去理解去分析，才能更好地积极应对幼儿的主动提问，并能让幼儿一直保持"听不懂或有疑问的时候能主动提问"的良好习惯。

27

只听不说的欢欢、乐乐

逢年过节回到爷爷家，两个叔叔家的哥哥、姐姐叽叽喳喳说个不停，大伯家的一对双胞胎兄弟欢欢、乐乐却睁着大大的眼睛很专注地聆听，当哥哥、姐姐根据听到的内容提出疑问和自己的见解时，他俩也是静静地看着，顶多附和一句"就是的"。欢欢、乐乐的爸爸是家中长子，却最晚生孩子。欢欢、乐乐的爸爸妈妈带孩子时总是很小心，很少带孩子去公共场所或外出游玩；怕对孩子视力有影响，电视也不让孩子看；在家基本上就是欢欢、乐乐自己玩玩具，或对打。除了过年回一次爷爷家，孩子的活动范围基本上就是家和幼儿园。爷爷看着与其他孩子只差一岁的两个孙儿直发愁：怎么像个闷葫芦，什么也不说呢？

专家解读

因为父母很少带孩子去公共场所或外出游玩，导致两个孩子生活内容贫乏，知识经验少，自然也就没有相应的丰富多彩的语言。

生活是语言的源泉，只有儿童的生活内容丰富了，他们才可能有话"想说"，在说的过程中才可能进一步丰富词汇，掌握各种表达方式，逐渐变得"能说"。幼儿的语言学习需要相应的社会经验支持，老师和家长应通过多种活动扩展儿童的生活经验，在丰富多样的实践生活中，增长知识、开拓视野，发展幼儿的口语表达能力。

家长应经常把孩子带到大自然和社会环境中去，让幼儿亲自体验、亲身经历，给孩子介绍各种新鲜事物和事件，扩大孩子的词汇量，有意识地鼓励孩子表达对这些事情的看法，在家里也可以通过亲子阅读等丰富孩子的知识经验。这样孩子就会"想说"而且"能说"了。

28 我要爸爸讲故事

红红洗漱完准备睡觉，拿着书去找爸爸讲睡前故事，爸爸还有一些带回家的工作没有完成，就让红红去找妈妈讲故事。妈妈拿着书，让红红躺在床上就念了起来："蔚蓝的天空没有一丝云，一条溪水从卵石间淙淙流过。溪边端坐着一位长者……""我要爸爸讲故事。"红红不听了，跳下床去找爸爸了。爸爸放下工作，和红红一起讲故事，指着画面，爸爸讲道："今天的天可真蓝啊，一点儿云彩都没有。有一条小河哗啦哗啦地流，这水可清啦，里面有好些圆石头，看得清清楚楚的。河边儿坐着谁啊？""一个老爷爷"，……爸爸讲得绘声绘色，有时还和红红有问有答，讲完了故事，红红满足地睡觉了。

专家解读

红红的爸爸不仅故事讲得形象生动，还注意到和孩子就读本画面和内容进行互动，让孩子也参与到讲故事中去，这是培养孩子"喜欢听故事，看图书"的有效策略。

写好的故事，即使对象是儿童，也有很多精练、生动的文学语言是书面语言，与孩子的口语经验不符。家长如果给儿童讲故事时照本宣科，孩子就会逐渐没了兴趣。讲故事是一种口头文学，应尽可能口语化、儿童化、形象化，情节、用词合理化。

家长应遵循"说着顺口，听着顺耳"的原则，把故事原来的过于书面化的语言重新加工，让故事讲起来更生动更吸引孩子；对于孩子已经熟悉的故事内容，可以和孩子一起讲，也可以分别扮演其中不同的角色进行表演或对话。

又是这本书

29

"妈妈，来陪我看书吧！"晚饭后，小雨拿着书叫妈妈。

"好啊，今天我们看什么呢？"妈妈来到小雨身边，拿起小雨挑好的书，不禁皱起了眉头："怎么又是《小兔乖乖》啊？妈妈还买了那么多书呢，我们换一本看好不好？"

"不好！我就喜欢看这本嘛。妈妈，我们一起讲好不好？"说着小雨翻开第一页，讲了起来："兔妈妈有三个孩子，妈妈你看，这是长耳朵，这是红眼睛，这是……"小雨显然是很熟悉故事内容，学起故事中对话像模像样，还时不时拉妈妈一起加入，妈妈想：要不要把这本书藏起来，这样小雨就会去看新书了吧。

专家解读

重复阅读是儿童阅读行为中比较常见的典型现象。

年龄越小的儿童越喜欢听熟悉的故事，儿童听熟悉的故事或阅读熟悉的材料时，容易产生安全感和成就感。在生命力还比较弱小、周围大多数事情都由成人安排的阶段，孩子能自主的时候极少，他们极其向往成人的力量和控制力。因为故事或书是熟悉的，接下来发生的一切情节都是按照孩子的预期发展，这让孩子感到这件事情是他可以控制的，从而获得安全感和成就感。

有研究表明，重复阅读方式能够显著增加儿童对文字的关注。所以教师和家长应该鼓励儿童多次反复阅读他们喜欢的图画书，既可以满足其心理需要，又能以此促进其文字学习与早期阅读能力的发展。

30

天天不结巴了

　　小班刚入园的时候，天天很活泼好动，可是讲话很是结巴。天天一直想要和小朋友们交流，可是很难讲出一句完整的话，越是紧张就越是结巴。不过每次天天和老师讲话的时候，老师都会很耐心地、微笑着听他说完；而且如果天天不举手，老师也就不叫他在集体中发言。老师还和天天的爸爸妈妈联系，让事事追求完美、对天天要求过于严格的他们，对天天能够宽容、耐心一些。慢慢地，天天说话连贯了许多，而且活动中也更加乐意举手回答问题了。

专家解读

　　只要不是生理原因造成的语言障碍，都可以通过改善语言环境和教育进行矫治。天天的结巴显然是精神因素造成的，老师的理解、尊重和支持是医治天天结巴的"良药"。

　　造成儿童结巴的原因一般说来有三种：1. 语言发展尤其词汇量跟不上思维发展，想说的找不到合适的词，或还没想好就急着说，导致说话磕磕巴巴不连贯；2. 因为好玩，学别人结巴，时间长了，自己也结巴了；3. 说话时害怕说错，过于紧张。这三种情况中任何一种如不及时关注并采取一定措施纠正，或措施不当，时间一长成为习惯，就会影响孩子的口语表达能力，影响孩子的自信心，造成社交障碍。

　　孩子在幼儿期或多或少都出现过结巴、说话不连贯的情况，家长们既不能无视也不要过于紧张。首先应该分析孩子结巴的原因，然后再对症下药。对第一种情况，可以平时注意丰富孩子词汇，在孩子说话卡壳时及时递词，耐心地等孩子想好再说；对第二种情况，可通过念儿歌、表演故事中的对话、朗读绘本等帮助孩子变得口齿伶俐；对第三种情况，天天的老师给我们做出了很好的示范，千万不能因为孩子结巴而严厉斥责孩子，那样只会适得其反。

丫丫认字

31

在丫丫3岁8个月的时候，妈妈经常带她去图书馆玩。偶然的一次机会，发现一个比她大一点的小朋友竟然能认识书上的好几个字了。丫丫妈妈心急如焚，生怕自己的孩子输在起跑线上，便赶忙到书店买来一本《识字书》，在家紧锣密鼓地实施"认字计划"了。在妈妈"日也教、夜也教"的辛勤劳动下，终于"功夫不负有心人"，没过多长时间，丫丫也能照着书上的图片说出"大、小、田、土、日、月、水、火"几个字了。

可是好景不长，过了一段时间，妈妈又拿出书本问她的时候，丫丫居然一个字都不认识了。妈妈既感到挫败又不甘心，要什么时候，怎样教丫丫认字她才能学会呢？

专家解读

　　丫丫的妈妈是现代妈妈的典型代表,也属于"虎妈"一类。她非常重视孩子的教育问题,以至于一看到别的孩子会、丫丫不会就陷入焦虑,并盲目地立即付诸行动,迎头赶上,这样的教育显然是违背幼儿发展规律的,是不科学的,当然也不会有好的效果。

　　多年来,对于儿童读写能力发展存在两种态度:一是认为儿童读写就是多识字、写字,在此观念下,我国幼儿园经常出现"小学化"倾向;二是为避免"小学化"倾向,幼儿园不能进行读写活动。这两种态度都曲解了幼儿读写的内涵和意义,其实读写是幼儿语言发展的重要内容。有研究表明,儿童读写能力发展对儿童的语言表达、逻辑思维、与人交流等都具有重要意义。幼儿阶段不是不进行读写活动,而是通过不同年龄段的图画书、游戏科学合理地进行读写活动。

　　建议家长在进行亲子阅读时,不要以识字为目的,也不以阅读后书中知识经验掌握多少评价孩子的阅读行为;而要关注孩子的阅读兴趣、阅读能力(观察图画、理解图画及文字、预测推理想象、概括并表达)的培养,随着孩子阅读能力的发展,阅读量的增加,一些文字在书中反复出现,并伴随相应字义的图画,孩子无意识中就认识了。有了一定的识字量,孩子就可以看懂一些内容更复杂、有更多文字的图画书了,孩子从书中获益更多,也就更喜欢看书了。

32

给宝宝买书

贝贝幼儿园开学两周后，老师们发动孩子和家长一起带一本书到幼儿园阅读区，每天课间、饭后大家可以自主翻阅。第三周，家长们就帮着孩子带书来了，但结果是有一小部分幼儿带来的是《阶梯数学》《科学常识》等等纯知识技能方面的书，也有的带来了以文字为主的童话故事、成语故事等，还有的带来了与孩子目前知识经验、理解能力不符的《三个和尚》等绘本书。看着这些书，老师们想象得出因孩子目前还不具备阅读这些书的能力，会使一大部分儿童失去阅读的兴趣。于是，老师们贴出通知，让家长们购买适合孩子阅读的书，看到通知，家长们议论纷纷：到底什么才是适合孩子阅读的书呢？

专家解读

　　给孩子选择适当的书的确是开展早期阅读活动首先要考虑的事情。

　　就如案例中，不适合孩子的图书很难激发孩子的阅读兴趣，更谈不上通过阅读这样的书培养孩子的阅读习惯和能力。那么什么样的书才可以达到我们进行早期阅读的目的，是"适合"的呢？家长们可以从以下四个方面把握：

　　1. 主题：贴近幼儿的生活，符合幼儿的经验和需要，易于理解。如《鳄鱼怕怕，牙医怕怕》《菲菲生气了》《小蝌蚪找妈妈》等。

　　2. 文体：涉及故事、说明、儿歌、古诗等多种文体，有利于丰富阅读经验。

　　3. 图画：表达方式多样，符合幼儿的审美倾向，逐页配图，完整展现故事内容，有利于儿童理解字、词、句含义等，发展儿童思维力。

　　4. 语言：字体大小适中，字、词、句的选择符合幼儿口语经验，有利于丰富书面语言。

童童爱说话了

33

上幼儿园前，童童活泼爱说。可是不久，李老师发现童童虽然动手能力强，善于观察，但是不爱说话了。户外游戏时，总是一个人活动，不跟小朋友玩。

周一早上，李老师主动与他交谈，问他："你昨天去哪儿啦？"童童小声说："到动物园去额（了）。""和谁去的？"老师又问。他回答："和矮矮（奶奶）。"老师又

问："看见什么啦？"童童见老师能听懂他的话，就声音大了些，兴致勃勃地说："看见大象呲早（吃草），猴纸（子）爬三（山），大袄（老）虎碎（睡）觉……"老师试探着问："你愿意把在动物园里见到的事情讲给小朋友们听吗？"童童摇摇头说："不！"老师问："为什么？"童童又低下了头说："他们该笑话我额（了）。"

明白了童童不爱说话的原因，李老师联系了家长，童童爸爸妈妈才意识到问题的严重性。他们觉得孩子小，发音不准不是什么事儿，长大就好了，平时在家还经常学童童说话，觉得很好玩，没想到反而强化了孩子错误的发音，以至童童上幼儿园后发音不准影响了孩子的性格。

专家解读

发音正确、吐字清楚，不只是发展语言的重要任务，对幼儿的心理发展也起着积极作用。童童的故事就是一个典型案例。

儿童发音器官尚未发育成熟，听觉分辨能力还比较差。同时，还不能协调地使用这些发音器官，因此，年龄越小越不容易清楚发音。根据儿童语音发展的规律，我们一般把语音培养的重点放在3—4岁的小班。这也是幼儿对于语音最为敏感的时期。这个阶段，如果没有重点关注儿童语音发展，儿童语音不清或不准确，往往说的话就会不被人理解或遭到讥笑，他们就会少说或不说。损伤了自尊心、影响了活泼开朗性格的形成，容易致使儿童沉默寡言、性情孤僻。

家长在这个时期尤其要注意给孩子树立语音准确、规范的榜样，让儿童模仿、学习；还要抓住一切时机，教儿童正确发音；对于儿童发音不清或不准确，要耐心倾听，并示范正确发音，及时纠错，千万不能像童童家人一样模仿孩子，更不能训斥孩子。

4 ▶ 5 岁

儿童学习发展指南

4—5 岁儿童的发展特点

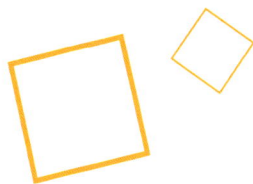

　　4—5 岁幼儿活泼好动，身体开始变得结实，能够自如地跑、跳、攀爬，手指动作更加灵活，能熟练地穿脱衣服、扣纽扣、拉拉链、系鞋扣，还会折纸、串珠、拼搭积木，精细动作完成质量较高，并能持续一段时间。此阶段幼儿语言发展较完善，词汇量日益丰富，能独立表达生活中的常见事物或现象，但讲话依然有断断续续的现象，喜欢听故事并能够独自阅读，有丰富的想象力，常常会把看到的书中的情节或自己经历过的事件融入自己的想象，并用一定方式表达出来，有时会把假想与现实混淆。在玩耍的过程中喜欢用手、用眼、用嘴、用耳、用身体去了解周围事物，对常见的事物或现象的理解能力增强，能理解表面或简单的因果关系。这个阶段活动中积累的直接经验对儿童解决问题起主要作用，具体形象是这一时期思维的主要方式。此阶段幼儿情绪的稳定性增强，开始学着控制自己的情绪，也会有嫉妒、愤怒等消极情绪，对于极端情绪的自控能力欠缺，是非观念较为模糊。在与同伴交往过程中出现了规则意识，能够与同伴或成人分享自己的快乐。喜欢唱歌，能够打出一些简单的节拍；喜欢扮演，对喜欢的故事百听不厌，将自己装扮成故事中的人物并乐此不疲；喜欢涂涂画画，可以用一些实物材料进行艺术加工。家长在日常的生活和亲子共处过程中要仔细观察孩子的行为，读懂孩子的各种声音，帮助 4—5 岁的孩子更好地认识自己，更恰当地对待他人。

1 衣服被颜色染脏了

　　小明在幼儿园美术活动中表现得非常好，他自由大胆地用各种美丽的颜色装饰自己的画面。美术活动结束后，小明发现自己的衣服上到处都是颜色，他开始担心了，坐在那里闷闷不乐。老师问："小明你为什么不开心呀？"小明忧心忡忡地说："衣服染上颜色了，奶奶会生气的，妈妈也会打我。"下午，奶奶来接小明，老师叮嘱小明的奶奶不要责怪孩子。然而在回家的路上，奶奶一直生气地责骂小明不该把颜料染到衣服上。回到家后，妈妈也呵斥小明："下次如果再把衣服染上颜色，永远都别再画画了……"

专家解读

　　因为参加色彩美术活动而弄脏了衣服就批评和呵斥孩子，这对孩子来说是一种打击，家长不应该这样做。

　　通过美术活动，让孩子观察认识世界，提高孩子的操作技能，让孩子体验轻松愉快的审美情绪，激发孩子的创造性思维。基于这样的教育目标，孩子参与美术创作活动时就应该有一个轻松、愉快、安全的心理氛围和创作氛围，应该鼓励孩子在没有任何压力的状态下用美术语言尽情地表达自己的情绪和想法。不要让孩子背负"衣服不能被颜色染脏"之类的思想压力。

　　妈妈和奶奶应更多地关注小明在美术活动中获得的成就，应该肯定和鼓励小明在美术创造活动中的良好表现，让小明对美术活动更加有兴趣、有信心！如果条件允许，可以为孩子制作一件围裙，参加美术活动的时候穿上围裙既可以保护衣服不被颜料等美术材料污染，又能让小明放心大胆、尽情地进行艺术创作。

2

画得不像

晚上，小红独自一人趴在桌子上画画，不一会儿，她兴冲冲地拿着画好的画给妈妈看，妈妈看了半天也没看出画的是什么，于是问小红："画的是什么呀？"小红得意地说："我画的小猫！妈妈你看，这只小猫，它正在草地上玩儿呢……"妈妈略带嘲笑地说："你画得一点儿都不像。"

专家解读

妈妈嘲笑小红画得不像，否定了小红的创作成果，这是对孩子最沉重的打击！对于幼儿园的孩子来说，画得像与不像，并不是衡量孩子美术作品的标准。

儿童认识世界的方式和成年人不同，儿童表达自己对世界的认识也和成年人不同。孩子在画画时，总会把对象画得简单、画得变形、画得与实际对象不符合。这是由于孩子的心理发育、大脑发育等身心各方面都还不健全所导致的结果，是正常现象。家长往往不懂儿童的内心世界，不懂儿童的表达方式，不懂儿童的美术语言，很容易像小红妈妈那样，以成人的标准衡量孩子的表现。

如果家长看不懂孩子的画，可以虚心向孩子请教，倾听孩子的心声，领会并尊重孩子的创作意图，或赞赏他们独特的表现方式，肯定他们奇特的想象力和创造才能，不轻易否定孩子，不挫伤孩子的自信心，不扼杀孩子的创造力。

3 爸爸的肖像画

　　老师给大家布置了一个小任务：请小朋友回家后给自己的爸爸画一幅肖像画。小明的爸爸很配合，坐在沙发上给小明当模特，妈妈也热情地凑过来看小明给爸爸画像。小明拿出水彩笔刚把爸爸的头画出来，妈妈就着急地说："不对不对，你爸爸的头长长的，你画得太圆啦！"小明就重新取出一张纸，画出爸爸长长的头形，之后又画出了爸爸的五官，妈妈又连忙阻拦说："不行不行，你爸爸眼睛小小的，你画得太大了！来，换一张纸，重新画……"小明撅着小嘴又重新开始画，刚画出爸爸的头，妈妈一把夺过小明手里的画笔，自己在纸上画起来："你画得不对，应该这样画……"小明悻悻地坐在一边，妈妈却兴致勃勃地画了起来。

专家解读

　　妈妈的做法会影响到小明的情绪，"一把夺过小明手里的画笔"自己画起来更是不可取。

　　孩子的美术表达，并不依据写实的造型原理去完成，而是基于视知觉的潜在功能，在直觉作用下创造形态。因此，孩子笔下的造型都会表现出变形的特征，这正是儿童画的显著特点。成年人基于理性的分析和判断，总希望画得逼真，这和孩子的艺术心理特点不同，家长不应根据成人对美术的认知去要求孩子，更不应代替孩子完成创作。

　　妈妈应尊重和接受小明自发的艺术表达方式，要宽容和理解孩子的造型特点；不理解孩子的画面时，应主动发问，听听孩子的解释；应鼓励孩子自主原创，不打击和剥夺孩子艺术表现的积极意向，损害孩子的自信和对艺术表达的兴趣。

壮壮不"壮"

4

　　爷爷给壮壮取这个名字就是希望他长得结结实实、健健康康。周末是壮壮 4 岁的生日，爸爸开车载着他去爷爷家给他过生日。虽然爷爷家离得不是很远，但壮壮也不是经常能去，为什么呢？因为壮壮有个不好意思给别人说的毛病——晕车。这次也不例外，晕得一塌糊涂。爷爷心疼地抱着壮壮，告诉

爸爸，以后别带壮壮过去看他，他想壮壮了他就过来看壮壮。

壮壮1岁多的时候从床上摔下来，胳膊骨折过，还留下了点儿后遗症。后来妈妈带他的时候就一直非常小心，生怕再出现什么意外。最近，小区里新安装了两架秋千和其他的健身器械，壮壮路过的时候总想去玩一玩，妈妈不敢让他去玩，甚至有时候故意带着他绕路走。妈妈带他去看过医生，医生说晕车与平衡能力发展比较弱有关，需要多锻炼。妈妈很纠结，既想听医生的话放手让孩子去锻炼，又觉得不放心，生怕再出什么意外。

专家解读

适应能力是儿童在各种活动中发展起来的，孩子小的时候，家长总会在保护和锻炼之间纠结，找不到准确的平衡点。

壮壮遭遇过安全事故，还受过伤，给妈妈留下了心理阴影，所以不敢放手让孩子尝试既有很高锻炼价值又需要承担一定风险的活动，过度的保护使得壮壮的某些身体机能发展受到了影响，为正常生活带来了不便。"保"和"教"的关系处理是伴随孩子成长全过程的一道选择题，时时刻刻挑战着家长的神经。安全当然要特别重视，离开对孩子安全的重视而进行的教育是不负责任的，但放大安全问题而剥夺孩子发展机会的行为也是不可取的。

家长应丢掉思想包袱，与儿童玩拉手转圈、秋千、转椅等游戏活动，放手让孩子利用各种合适的锻炼机会发展自己的各项身体素质。同时，在孩子活动的过程中，家长要不分心，充分关注，最大可能地保护孩子的安全。

5 "病秧子"美美

4岁的美美乖巧伶俐,是妈妈的心头肉。妈妈对她照顾得格外用心,真像俗话说的:"捧在手上怕掉了,含在嘴里怕化了。"

夏天,城市里太热了,大家纷纷外出避暑,妈妈专门休了几天假把美美带到山里去玩。山里比城市凉快多了,但晚上美美就发高烧,吓得妈妈连夜回城市带她看医生。冬天,北方太冷了,妈妈过年的时候带美美去了海南,那里像夏天一样,美美换上漂亮的裙子去海边玩了一整天,但到了晚上她又开始咳嗽发烧,这个春节妈妈只能陪美美在医院里度过。

妈妈现在都不敢带她出去了,因为只要换个地方,美美肯定生病。

专家解读

身体对环境变化能否适应、有没有抵御能力是锻炼带来的功效,不是保护的结果,所以被过度照顾的孩子更容易生病。

美美的妈妈当然很爱女儿,她照顾女儿的用心程度毋庸置疑。但是,正是在无微不至的照顾中,孩子像是处于"实验室"中,缺乏了应对真实而复杂环境的能力。人的身体机能遵循"愈挫愈勇"的法则,在应对各种挑战的过程中发展起能够保护我们的各种能力。

要多带幼儿到户外活动,提高幼儿适应季节变化的能力。多让孩子经历多变的环境因素的影响,减少人为干预,使孩子的身体机能得到应有的锻炼,激发出足够保护孩子一生健康的能量。过度保护不是真爱,若超越理智以"爱"的名义强加给孩子各种保护,事实上是剥夺了孩子良好发展的权利和机会,是自私的,也是有害的。

6 生活不能太随意

一放假，果果就可以早上想睡到几点就几点，啥时候饿了啥时候吃，晚上也不会被要求早早睡觉。妈妈觉得难得休息，就随意点、放松点。

暑假还剩十天了，妈妈和中六班的另外几位家长商量好一起带孩子们去北京玩，到北京的第二天清早大家要一起去天安门广场看升国旗。因为要早起，家长们都要求孩子前一天晚上早早睡，但果果就是睡不着，闹腾到半夜。结果，约好的时间到了，果果母女俩起不了床，耽搁了大家的行程，果果妈妈觉得很难为情。

专家解读

规律形成于持之以恒的坚守，有规律的作息习惯有助于高质量的生活、工作和学习。

很多父母有和果果妈妈一样的心态，觉得休息就是彻底的放松、绝对的自由。所以，往往一到放假，孩子和父母都会打破生活规律，以至于要求回归规律时就产生各种不适应，影响心情、降低生活质量。放假的自由在于可以自己主动安排生活，"安排"是建立在对已经初步形成的生活规律遵守的前提下的。

中班的孩子已经能够保持有规律的生活，具有良好的作息习惯。如早睡早起、每天午睡、吃好早餐等。这些良好的作息习惯保证了幼儿身体发育、游戏、社会交往等方面发展的质量和效益。父母首先要建立起自己规律的生活习惯，进而帮助孩子形成初步的生活规律。不轻易打破孩子已经适应的习惯，在适度灵活的前提下，保持对孩子要求的一贯性。

7 欢欢的 "保姆" 妈妈

欢欢喜欢的事情很多，喜欢阅读、玩乐高积木、和爸爸玩扑克牌、穿干干净净的衣服……所以，虽然才上中班，大家都夸欢欢是"小人精"。

但是，欢欢每次阅读完绘本去拼搭积木了，绘本就摆了一书桌；他搭完积木去找爸爸坐在床上玩扑克牌了，积木就撒了一地；他玩牌玩腻了要穿上干干净净的衣服出去玩，扑克牌就铺在床上像印在床单上的花一样；他出去玩了，换下来的衣服就会扔得沙发上一件、门口一件……

因为他知道，妈妈会帮他收好所有的东西。妈妈有时候也觉得累，但她会宽慰自己——为自己的儿子做事，值！

专家解读

儿童生活自理能力的发展不仅需要调动儿童做事的积极性，还要指导儿童学会正确处理自己事情的方法。

欢欢兴趣广泛，喜欢做很多事情，但他的事情都有头无尾，妈妈跟在他后面替他清理"战场"。像欢欢这样的孩子不少，像欢欢妈妈这样的家长也有很多，他们以为孩子服务为荣，不觉得这么做是一种问题。孩子进行各种有益发展的活动当然应该大力支持，但活动结束后自己整理物品的环节也不应该被忽视，这也是活动的一部分，具有独特的发展价值。

中班的幼儿要有基本的生活自理能力，能整理自己的物品。父母要为幼儿自理能力的发展提供条件，进行指导。和孩子一起商议，形成一些有关物品和玩具使用的规范性要求，以孩子能看懂的方式呈现出来，以此提醒孩子及时收集整理自己的物品；还可以为孩子购置一些存放玩具的盒子、箱子，在活动后带领孩子一起把用过的物品分类装箱，摆放到固定位置，大点的孩子可以要求他自己做到这一点；不以孩子小为理由包办代替孩子做他能做而不想做的事，以免助长他的不良习惯。

8

我想要妈妈的
项链

别看悠悠才 4 岁半，她却很爱美。有一天，妈妈的项链忘了戴放在梳妆台上，悠悠拿着妈妈的项链就戴到了自己脖子上，兴冲冲地去找哥哥玩。

哥哥也很想要这串项链，所以伸手来拽，项链被拽断了，小珠子洒了一地。妈妈过来把地上的珠子

专家解读

扫了起来，看着两个孩子，既生气又无奈。她没注意到悠悠已经把一颗珠子捡起来藏在了自己手里。

悠悠躲在房间玩小珠子，她还在嘴里舔、拿到鼻子前闻，突然，这颗珠子被她吸进了鼻孔，怎么掏都掏不出来。孩子吓得哇哇大哭，妈妈也急坏了，赶紧把悠悠送到医院处理，在医生的帮助下，珠子才被取了出来。

家庭中发生的安全事故往往来自于家长的疏忽大意或缺乏预判。儿童好奇心强，在探究的过程中非常容易因为对材料的不规范操作而导致危险的发生。

在孩子的眼里，成人的东西都显得很有吸引力，在家里经常发生孩子拿父母的物品进行游戏的情景。悠悠抵抗不了妈妈项链的诱惑，偷偷藏了项链上的珠子，像宝贝一样珍惜，但她不能预见把珠子塞进鼻孔的后果，妈妈如果防范危险的意识强，看到珠子掉了应该再仔细找寻一下，以避免遗留隐患。所以，在整个事件中，妈妈的疏忽大意是造成事故的主要原因。

无论是家庭还是幼儿园，都要为儿童创设一个安全的环境，结合日常生活实际对儿童进行安全教育。孩子在家时，家长一般不要让孩子脱离视线，以便及时发现安全问题；保持家庭环境的整洁，防止杂乱的物品中隐藏危险；辨别会对孩子造成伤害的物品，放置到孩子够不着的地方；传授给孩子一些有关安全的经验。

9 新衣服里的秘密

　　快要过年了，出差回来的爸爸给4岁的小萱带回了一件新衣，小萱喜欢极了，穿着新衣在镜子前照来照去，仔细看着衣服的每一个细节。她发现衣服上有自己最喜欢的花朵和蝴蝶，而且它们是一朵花一只蝴蝶有规律地排列着，小萱立刻把这个发现告诉了妈妈："妈妈，我的衣服上有秘密，你能发现吗？哎，还是我告诉你吧，花朵和蝴蝶是有规律地排列，老师给我们说过。"妈妈反问女儿："那我的衣服上也有秘密，你能发现吗？"小萱观察了一会儿，恍然大悟，说："妈妈的衣服上的秘密是条纹，一道白，一道红，一道灰。我再去看看爸爸的衣服上有没有秘密。"说着就去找爸爸了。

专家解读

　　引导幼儿观察发现按照一定规律排列的事物，体会其中的排列特点及规律。日常生活中的物品很多都是有规律的，孩子在游戏或生活中随时都能接触到这些物品，儿童以不同认知发展水平可以理解不同程度的排序内容。

　　家长可以和孩子一起发现并通过语言的交流让孩子更深刻地理解不同的排序内容，如有重复规律的儿歌、词语或音乐，和孩子一起感受并分析；让孩子在日常生活环境中发现有序排列的物品，如地板砖、生活用品上的装饰图案、衣服上的花边等，引导孩子用完整的语言进行描述；为孩子提供更丰富的操作材料，鼓励孩子进行更丰富、有规律的排列设计。

10 魔法面团

周日阳光明媚，4岁半的小萱和爸爸妈妈一起包饺子。妈妈擀皮爸爸包，小萱也围着围裙不停地跑来跑去。"妈妈，能给我一团面吗？"小萱抬头问妈妈。妈妈说："好呀，你需要多大一块？"小萱伸出手来比划着："这么大，像乒乓球一样。"妈妈揪了一团面给小萱。小萱拿着这团面开始搓揉起来，她把面团揉成一个小团，嘴巴里说着："我做了一个圆，像汤圆。"然后又搓成一个条："这个是擀面杖，和爸爸的一样。"爸爸听到了问小萱："这个擀面杖是什么形状的？""是长方形。"小萱干脆利落地回答了爸爸的问题，然后继续搓揉起了面团，嘴巴里一直喃喃自语着："魔法面团！"

专家解读

环境中的每一个物体都有自己的形状，儿童通过用眼睛看、用手触摸、用嘴感知等方式学习形体，他们学习到某些物品的形状与另一些物品的形状相同，也学习用词语描述物体间形状的不同特征。儿童喜欢尝试用橡皮泥、泡泡泥、黏土等材料创造形体，随着年龄的增长，他们开始学习一些形体的名称并能准确说出这些名称。

家庭生活中的寻常时刻往往就是孩子发展的关键起点，看似无规则的面团在孩子眼中却有着千变万化的可能性，她用手搓揉着，用嘴巴说着，更重要的是她用大脑在思考着，孩子在家庭的生活游戏中体验着操作的快乐，在爸爸妈妈智慧问题的解答中慢慢接近数学的概念。

11

厨房里的十万个为什么

周末，爸爸妈妈带着 4 岁的小红去看爷爷奶奶。奶奶在厨房里忙碌着，小红走进厨房大声地说："奶奶好！"然后便蹲在奶奶旁边看着奶奶剥豆子。这时爷爷拎着一条鱼走进厨房，小红看到了问爷爷：

"爷爷,你拿的是什么呀?"
"这是一条鱼。"
"这是一条什么鱼?"
"这是一条黄河大鲤鱼。"
"什么是黄河?"
"黄河是一条很长的河。"
"和这条鱼一样长吗?"
"比这条鱼长多了!"
"这条鱼是不是死了?爷爷。"
"是的。"
"那它疼不疼?"
"不疼,它已经变成星星了,没有感觉。"
"那它变成星星看着我们吃它,它疼不疼?"
"它已经感觉不到疼了。"
"爷爷,你看,鱼还在看着我呢!"小红指着鱼的眼睛说。

专家解读

随着孩子年龄的增长,逻辑思维和语言能力的提升,他们对周围事物更加充满好奇与探索的欲望,这些特点充分表现在语言方面,因此4岁左右的孩子每天会问无数的"为什么""是什么"这样的问题。心理学的研究揭示出儿童早期不能很好地区分主体和客体,因此他们的认识常表现出"泛灵论"的特点,即将主体的思想和意愿附着于客体身上,从而导致"万物有灵"的思想。

首先,耐心倾听孩子的提问。做一个优秀的倾听者,是每一位家长的必修课,当孩子说话时停下手里的活,眼睛看着孩子,用眼神和微笑鼓励他把话说完,即使是嗑嗑巴巴地表现,孩子也会有被接纳、被尊重的体验,无形中会有更愿意说、更能够说的强烈愿望。

其次,不以成人的思维固化孩子的认识。明确此阶段孩子的思维特点,平时与孩子交流的过程中尽量用孩童的视角打量周围环境中的人和物,对话过程中接纳孩子的各种想法并及时做出更高级的回应。

最后,提供适宜的时机让孩子参与家庭活动。例如,厨房里的小体验,收拾整理自己的衣物等活动,在此过程中不仅增进了亲子关系,同时也给孩子了解物和物之间的关系及逐渐形成概念提供了恰当时机。

12 破坏还是探究？

小初是个快 5 岁的男孩子，对玩具小汽车非常着迷，能辨别出马路上各种汽车的标志。生日快到了，爷爷奶奶送了小初一台价值不菲的汽车模型，小初开心极了，晚上睡觉都抱着。过了几天，妈妈打扫房间时发现汽车模型的车身和底座被拆成了两部分，而且零件散落了一地。妈妈为此很生气，对小初进行了严厉的批评："你这个孩子怎么这么不懂事，爷爷奶奶花了好几百块钱送你的生日礼物还没玩几天就被你拆成这样，老师没教过你要爱惜玩具吗？爷爷奶奶知道了一定很伤心。""妈妈，我——"小初刚要解释什么就听妈妈大吼一声："去，面对墙壁，好好反省。"

专家解读

3—6 岁儿童对周围的事物充满好奇，愿意探究各种问题的答案。在成人眼中表现为爱提问题，爱动手操作，有些问题似乎成人也摸不着头脑，有些操作在成人眼中甚至就是破坏行为。成人应该耐心细心地了解孩子行为背后的原因，做到真正地理解儿童、尊重儿童。

案例中的孩子是个非常喜欢探究的男孩，在他的眼中"车"就是"车"，并没有将昂贵的价值附加在这个生日礼物上，对心爱之物越痴迷就越想一探究竟，翻一翻、动一动、拆一拆都是孩子想要获得答案的方式。

了解孩子的思维及行为特点是每位家长的必修课，当发现了孩子"所谓的破坏行为"时，首先要沉住气，不要急于发脾气；其次要耐心询问孩子做事的原因；最后要从正面对孩子的行为或语言进行肯定，在点滴之间用心保护好孩子的好奇心。

小·萱浇花

13

小萱是个 4 岁半的女孩子，喜欢读绘本也喜欢弹钢琴，一个人可以玩大半天的积木，最喜欢的是和妈妈一起阅读绘本。一天，妈妈下班回家顺路买了一株栀子花，绿油油的叶子里边含苞待放的花朵吸引了小萱的目光。妈妈看到了微笑着对小萱说："女儿，花朵和你一样，只要好好喝水，

它就会开放。"于是小萱主动承担起了给花浇水的任务。过了几天一个偶然的机会,妈妈正好目睹小萱从饮水机的热水口接了一杯水浇到了栀子花花盆里,妈妈心中的疑团终于解开了。难怪这盆栀子花越来越打蔫,原来小萱一直在用热水浇花,本想马上制止,但妈妈转念一想:还是先问问女儿这样做的原因吧。于是母女间有了这样的对话:"你用什么样的水浇的花?""热水。""你怎么想到要用热水浇花呢?""妈妈,你告诉过我喝冷水会生病的呀。"

专家解读

日常生活中的许多事物和现象都会引起孩子的兴趣,孩子在寻找答案的过程中因年龄特点的不同呈现出不同的差异,他们在了解周围世界过程中认为周围的万事万物与自己一样是有情感的,会做出在成人眼中"出格"的事,比如与花朵说话,为蚂蚁唱歌等。

作为家长应该明确认识到因孩子的年龄特点及认识水平有限,在日常生活中可能会做出一些有违常规的事,应当给予孩子出错的机会。当小萱妈妈看到女儿在用热水浇花,植物已经出现了明显不适时,没有立刻指责女儿常识性的错误,而是在心中为女儿的行为设想了好几种理由。妈妈的这种做法在本质上尊重了女儿善意的愿望,并且为女儿探索植物的奥秘提供了安全的环境。

同时让植物的变化结果自然反馈,以此调整孩子的原有认识。掌握着标准答案的妈妈在完全明确了女儿的行为原因后应采用巧妙的方式让女儿自然接近问题的答案,在继续养殖植物或饲养动物的过程中尽量让孩子自己去发现动植物的变化规律,让自然的事实调整孩子的认识,这样可以培养幼儿尊重客观事实、依据事实得出结论的基本态度。

14 沙坑里的秘密

　　夏天的傍晚，4 岁的小初要妈妈带他去小区的沙堆玩，妈妈同意了并要他自己准备玩沙玩具。小初首先拿出了自己最喜欢的翻斗车，然后选了两个大小不一的塑料桶和一把小铲子。沙堆上已经有一些孩子了，小初也热情投入其中，他用铲子一铲一铲地把沙子放进小桶，然后又把小桶里的沙子倒进翻斗车，运到了沙堆的另一边，反复如此。玩了一会儿，妈妈叫他喝水，小初对妈妈说："妈妈，我发现每次把桶里的沙子放进车里，大桶一次就行了，小桶要装两次。"妈妈说："你观察得真仔细，一会儿玩的时候再数数用铲子往桶里装沙子时，大桶小桶分别装几次？"小初又跑向了沙堆最高处。

专家解读

　　3—6 岁儿童学习测量的标准包括识别事物的长度、容积、重量和时间属性。测量连接几何和数，其发展以儿童有关比较的经验为基础，学前阶段的儿童能够理解测量的非标准单位，活动形式以非正式测量工具为操作材料的游戏活动为主。

　　案例中的孩子在玩沙游戏中，通过反复操作材料观察到了一个事实，并能用清晰的语言表述自己的发现，说明孩子已初步理解了量之间的差异，而这个理解是在比较的过程中完成的。对孩子而言，就是在学习并体验测量，而妈妈巧妙的提示又将孩子的探索引入了一个新高度，不仅是沙堆的高度也是孩子认识上的另一个高度。

15 学会小·声说话

今天是周末，亮亮爸爸和欣欣爸爸是好朋友，两家人在一起聚餐。在餐厅，大人们侃侃而谈，推杯换盏；亮亮和欣欣吃了不一会儿就坐不住了，他俩在餐厅你追我赶，又叫又闹，非常开心。附近餐桌的客人纷纷侧目，当他俩比着叫嚷发出"海豚音"时，一些人捂住了耳朵。亮亮妈妈看见了有点儿尴尬，拉住他俩说："小点儿声！"亮亮却说："我不会！爸爸说，男孩子说话就要声音响亮，他每次带我出去玩的时候我们就这样说话。"亮亮妈妈只好抱歉地对邻桌的客人说："没办法，他天生嗓门就这么大！"

专家解读

我们经常看到一些"熊孩子们"在公共场合大声说笑、玩闹，周围的人们纷纷侧目，而他们的家长却熟视无睹。

在语言发展中，具有"文明的语言习惯"是非常重要的，尤其对于学前儿童，是影响其语言和社会性发展的一个关键因素，会使其受益终身。"文明的语言习惯"不仅包括能使用礼貌用语，还包括能根据所处情境及谈话的对象和需要使用恰当的语言（说话的语气、声音的大小、合适的语句）。儿童因为年龄小，往往不能有意识地察觉周围情境，控制和把握自己言行的"分寸"，所以需要成人不断提醒和示范，才能逐步养成文明的语言习惯。

想要让幼儿能根据场合调节自己的说话声音，成为一个在公众场合受欢迎的人，那么请每一位家长自己在不同的场合注意自己的说话方式和声音大小，并且注意提醒自己的孩子。

16 小宝背诗

"离离原上草，接下来是什么啊?"妈妈话还没说完，宝宝就已经跑开了。

宝宝两三岁的时候特别爱念儿歌，在街上听到录音机里播放的儿歌也会跟着念，甚至还会念好多首古诗，街坊邻居们都夸宝宝聪明，爸爸妈妈听了很自豪。

宝宝上中班后渐渐不爱念了，以前学会背的古诗也忘了。爸爸妈妈很疑惑，宝宝为什么不像以前那么爱念诗了呢?

专家解读

这是幼儿成长中很正常的现象，家长不必焦虑。

4岁之前幼儿游戏水平较低，知识经验也较少，朗朗上口的儿歌和故事对他们来说就是一种口头游戏，孩子爱学爱念。随着年龄的增长，孩子的认知能力增强，游戏水平及社会交往能力都有所提高，孩子活动的兴趣点发生了转移，更喜欢和小伙伴及成人进行各种交往活动和合作游戏；此外孩子的活动范围也更宽广了，所以对于念儿歌不再像以前那么感兴趣了。

家长要顺应孩子的发展水平，提供相应的活动内容促进幼儿的发展。比如，可以经常和孩子进行亲子谈话、亲子阅读并进行阅读后的讨论，给孩子讲故事并让他把听过的故事讲给你听；如果还想让幼儿保持对学习诗歌的兴趣，不能像小时候只是一味地让孩子跟着学念，而是要结合一定情境让幼儿理解、感受诗歌的美好意境，并让孩子尝试仿编、扩编，做"小诗人"。

17

雪孩子也会在天上看着我吗？

晚上睡觉前，妈妈给小宝讲"雪孩子"的故事。讲到雪孩子看到小白兔家里着火了，小白兔却在酣睡，叫不醒，小宝急得叫了起来"小白兔，快醒醒啊"。最后讲到雪孩子为救小白兔化成了水，小宝难过得快哭了。一直到最后听到雪孩子变成了天上的白云，情绪才平静下来。睡着前，小宝还问妈妈："雪孩子也会在天上看着我吗？"

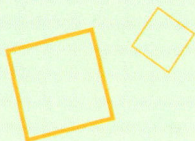

专家解读

小宝被带进了故事情境中，与故事中的人物发生了"共情""同感"。

幼儿心理具有"泛灵性"的特点，认为周围世界中的动物、植物甚至各种事物都和人类一样有各种情绪情感。优秀的文学作品符合幼儿的认知水平和经验，能够让幼儿与作品中人物发生"共情""同感"。随着幼儿理解语言的能力逐步提高以及情绪情感的发展，他们"（在4—5岁）能随着作品的展开产生喜悦、担忧等相应的情绪反应，体会作品所表达的情绪情感"。

家长不要觉得小孩子只有简单的情绪——高兴就笑、不高兴就哭，他们能够在文学作品中理解他人的情绪，我们应该通过文学作品的阅读帮助他们学会用语言表达这种情绪，进而帮助他们迁移到生活中，从而既发展了幼儿的语言及对文学作品的理解欣赏能力，还能有效地促进幼儿情绪情感的发展。

18 花园里有什么?

晚饭后，妈妈和苗苗一起看《花园里有什么》的图画书。苗苗边看边听妈妈的朗读，渐渐地沉浸在图画书和散文语言美的意境中，看得出来她很喜欢。

早晨起来窗外阳光明媚，鸟儿喳喳地叫着，妈妈带苗苗到小区花园散步。她们荡漾在明媚的早晨，苗苗联想起《花园里有什么》的情景，不由自主地停下脚步欣赏起来。她一边看还一边使用从书中学会的语句来描述花坛中的花草，说着说着苗苗还调皮地问妈妈："花园里有什么?"看到这一幕，甜甜的妈妈很羡慕，怎么才能让甜甜也喜欢看书，也有这么丰富优美的语言呢?

专家解读

显然苗苗是一个从早期阅读中获益匪浅的孩子，不仅喜欢阅读，还具备了一定的阅读能力，能够感受到文学语言的美，还能在适当的情境中迁移使用。这跟家庭的熏陶是分不开的。

儿童在早期阅读中可以获得多方面的经验。优秀的、适宜的儿童读物可以带给儿童各种情绪体验、知识经验和画面美、语言美的感受，一些规范的书面表达方式常常也会自然地被迁移到生活中，为儿童日后进入小学正式学习书面语言奠定基础。

家长要尽早开始在家庭中进行亲子阅读，选择儿童能理解并且感兴趣的图画书，尽可能文体多样和内容丰富，不仅有故事、诗歌，也要选一些科普类、说明类文体，以满足"小问号"们的求知欲。

19 皇帝的新衣

一天早上课前阅读时间，明明、凯凯和小红争抢一本书。班上的马老师好奇地问："这本书叫什么名字啊？"三个小朋友摇摇头。马老师很纳闷：连书名都不知道，怎么这么爱看这本书？明明抢先说："我们爱看里面的画儿。"马老师又问："哪张

画儿呀？我看看。"三个小朋友很熟练地翻开一页，噢，是一个皇帝光着身子照镜子。马老师不解地问："这有什么好看？"他们三个你看看我，我看看你，乐出了声，说："我们爱看他的大肚皮！"原来是这样，马老师告诉他们："这本书的名字叫《皇帝的新衣》。"接着老师把书的内容讲给他们听，听后三个小朋友恍然大悟。这天晚上，他们不约而同地和爸爸妈妈讲了《皇帝的新衣》，爸爸妈妈也一起开心地笑了。

专家解读

儿童很容易被图画书中某一个画面的人物或场景吸引，但没有成人的介入，教给儿童正确的阅读方法，孩子并不能理解书意。

心理学家的研究证明儿童的自主阅读能力并不能自发产生，必须经过教育才能逐渐发展形成。其中 0—3 岁是培养儿童阅读兴趣的关键期，3—8 岁是培养儿童阅读能力的关键期。3—6 岁是幼儿从成人的伴随阅读向自主阅读发展的最重要的阶段，在成人的帮助下，孩子才能逐步学会以自己的经验为基础去理解图书的内容，结合书中的线索进一步地想象和创造故事情节，感受到文学作品的美，理解和体会各种题材书籍的书面表达方式。所以我们称早期阅读是"为了学会阅读的阅读"，是不同于其后更主要是从中获取知识经验获取信息的阅读。

家长不仅要给孩子买书更要指导孩子看书。一般从书的封面看起，引导孩子观察、描述并猜测书的内容；在逐页阅读时引导孩子有序地观察画面，和孩子一起讨论人物表情、动态推测情节、朗读文本；阅读完可以结合书中线索和孩子进一步探讨故事发展的可能性，续编故事、自制小书或进行故事表演等。

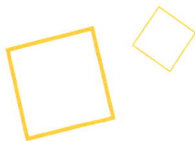

20

小·知了

"蛋蛋，我爸爸给我买了个新玩具。"亮亮话刚说一句，蛋蛋就抢着说："我爸爸也给我买了玩具，是个大黄蜂的变形金刚，可帅了！"

"我爸爸说过年要带我去……"亮亮才说半句话又被蛋蛋打断了。"过年的时候我姑姑家的哥哥也会来，我们一起去游乐场，才好玩呢！"

"不和你玩了！"亮亮气呼呼地走了。

蛋蛋有个外号，叫"小知了"。蛋蛋爱看书，爸爸妈妈也经常带他外出游玩，在小朋友中算是个"见多识广"的人，所以每次和小朋友在一起，他都有说不完的话。小朋友一开口，他就说"我知道……"并眉飞色舞地说起来。可是后来愿意和他说话的小朋友越来越少了。

专家解读

蛋蛋虽然知识经验丰富、口语表达能力强，却没有很好的倾听习惯。

语言的本质是交流和思维的工具，在口语交流中，听、说同样重要。不注意听，就不能捕捉对方的言语信息，更无从进行信息的交流和分享，也不能通过言语交流扩大自己的信息量。幼儿期孩子从自我中心逐渐向社会化发展，刚开始在与他人谈话时往往只关注自己要讲的内容，不注意听别人的讲话，出现"鸡同鸭讲""各说各话"的情况，但在成人教育指导下，或在一定语言情境下，随着儿童社会化程度的提高会改变。蛋蛋因为表达能力强，知识经验丰富（个人信息量大），所以这个问题比较突出。

对于这样的孩子，家长应首先给孩子做表率，跟孩子交谈时，耐心、专注地倾听孩子讲话；其次孩子说完后可以提醒孩子"你说完了该我说了，请你不要插话，有什么想说的，等我说完再说"；还可以在他和别人谈话时提出要求和任务："你仔细听别人怎么说的，想一想和你知道的一样不一样？为什么？一会儿来告诉我。"

21

小·霸·王

小威今年4岁半，男孩，经常揪女孩子的辫子，好多女孩的家长都来告小威的状。可老师也不敢对小威多加训斥，因为一旦小威被训斥，就会在地上拼命哭闹打滚，相反，老师同学如果顺着他来，他又会乐开花。在家中，他就是一个小霸王，吃饭挑食被妈妈训斥了几句，便又哭又闹，旁边奶奶一边哄着小威一边帮着骂妈妈，直到把他哄开心。当小威平时不开心时，也会经常拿爷爷奶奶撒气。

专家解读

孩子的任性是儿童心理发展水平特点决定的，儿童在2—7岁时思维具有不可逆性和自我中心性，自我约束能力较弱。故事中的小威，容易招惹别人，规则意识不强。故事中的家长对孩子要求不统一，让孩子有了靠山。隔代的长辈容易溺爱孩子，使得孩子容易钻空子而变得任性霸道，自我控制能力发展较慢。

建议家长对孩子要求要合理，符合儿童发展水平和特点，从孩子实际情况出发；在教育子女问题上，在孩子面前要保持一致，不能让孩子感觉有了靠山。

同时家长要学会理解尊重孩子，合理要求以恰当方式满足，不合理的要想办法用道理说服，绝不可纵容。家长本身为人处世要恰当，要以身作则。对儿童表现出的遵守规则的行为要及时肯定，对违规行为给予纠正。

22 有样学样

　　小权是个 4 岁半的男孩，头脑聪明灵活，长得浓眉大眼，甚是可爱。按照常理来说，这应该是老师很喜欢的学生，但却让好多老师头疼。原来，他经常欺负其他小孩，搞得其他同学见了他都躲得远远的，有好几个孩子的父母都来找班主任老师反映问题。不仅如此，他还在老师上课的时候捣乱，给老师造成很大的困扰。经过多方面了解，发现小权父亲是个客车司机，天天在外工作，半夜才能回家，母亲在家照看小权。由于小权父亲经常在外，几乎不与小权沟通交流。平时只要一有事，就会不分青红皂白地将小权臭揍一顿。父母两人也经常为小权的教育问题争吵不休，可以说，小权生活在一个不太和谐的家庭里。

专家解读

　　孩子的暴力倾向多来源于对父亲的模仿，父亲凡事以暴力解决问题，使得孩子心灵变得扭曲，最终产生过激行为。在孩子面前父母应格外注意自己言行，要与孩子培养良好的亲子关系，父亲要多多回家与孩子沟通交流，了解孩子的内心想法，尊重孩子；要让孩子培养良好的习惯，父母亲要做好榜样，给孩子一个温馨的家；要改变对孩子的教育方式，由专制型向民主型转变。

　　家长应结合社会生活实际，帮助儿童了解基本行为规则和其他游戏规则，让儿童了解规则的重要性，自觉遵守规则。如家长经常和儿童玩带有规则的游戏，遵守共同约定的游戏规则，对儿童表现出的遵守规则的行为要及时肯定；家长利用实际生活情境和图书故事，向儿童介绍一些必要的社会行为规则，以及为什么要遵守这些规则，对违规行为给予纠正；在幼儿园的区域活动中，创设情境，让儿童体会没有规则的不方便，鼓励他们讨论制定规则并自觉遵守。

23 妈，快来帮帮我

童童是一个4岁半的小男孩，在幼儿园别的小朋友都可以自己穿衣服、脱衣服、倒水、上厕所……可是童童却什么也不会做，老师想让童童自己学着做，然而童童却哭着喊："妈妈，快来帮帮我。"童童在家时，妈妈总担心童童自己做事情做不好。早上起床时妈妈给童童穿衣服，晚上睡觉时给童童脱衣服，童童口渴了也是妈妈给他倒水，上厕所也要妈妈陪着，所以童童只要一遇到问题不管自己能不能应付都习惯性地叫妈妈。妈妈觉得只要把事情都做了就好，也不管是不是童童自己做的，也不管孩子有没有基本的生活能力。

专家解读

故事中童童妈妈事事包办，使童童产生了依赖心理。儿童应该有自主的表现，一些简单的力所能及的事应该自己去做而不是一味地依赖别人。

家长在日常生活中应该起一个引导作用而不是对孩子事事包办，要先教儿童学会一些基本的东西，比如自己穿衣，家长穿衣服的时候让孩子模仿着慢慢做等。孩子只有在自己实践的过程中才能进步，在儿童自己做的过程中大人可以发现问题并且及时纠正，这样才能使儿童逐渐养成自己解决问题的习惯，并且慢慢提高自己解决问题的能力；家长应鼓励孩子独立做事、自己做决定，在保证安全的前提下逐步实现自主。

24 小芳是个"乖孩子"

小芳是个非常文静的女孩子，在幼儿园里总是一个人，也不喜欢和同学们玩儿。有一天，老师为了幼儿园的活动给孩子们编排舞蹈，老师说："大家快过来，我们今天来学个漂亮的舞蹈。"小朋友们都开开心心地过去了，小芳却一个人走向了教室的角落。同学看到她便想拉着她一起去，可是小芳却不管不顾，松开同学的手，自己朝着教室一角走去。在家里的时候，小芳的爸爸妈妈因为忙经常让小芳一个人待着，也没有经常和小芳谈心，也不会常常带她出去玩儿。然而正是因为小芳这样安静，也不惹事，才让家长觉得小芳是个"乖孩子"，而常常忽略了她。

专家解读

故事中的小芳文静但缺乏主动性，不善于与人交往。儿童应该适应集体生活，愿意与人交往，有良好的群体生活。作为家长应该经常和孩子交流了解他内心的想法，让孩子知道有人愿意去倾听他的事，让他学会与人分享自己生活中的开心和不开心，这样对他性格形成，包括以后社会适应能力的强弱都至关重要。家长应多带孩子出去玩儿，让他去接触各种各样的人，让他积极参与到同龄人的游戏中。游戏能增进他们之间的感情，避免孩子形成内向不合群的性格。

家长应经常和幼儿一起参加一些群体性的活动，让幼儿体会群体活动的乐趣。

幼儿园组织活动时，可以经常打破班级的界限，让幼儿有更多机会参加不同群体的活动。家长应鼓励儿童参加亲戚、朋友和同事间的聚会以及适合幼儿参加的社区活动等，支持幼儿和不同群体的同伴一起游戏，丰富其群体活动的经验。

25 爱抢玩具的涛涛

涛涛今年 4 岁半，上中班。在小区和幼儿园玩耍时，他总是喜欢抢小朋友玩具，而且经常动手打人。经了解，涛涛父母因为经常打闹最后分居、离异，现在涛涛和奶奶、父亲生活在一起。奶奶照顾孩子起居，父亲工作很忙，虽时常询问孩子情况，但是脾气不好，经常动怒打孩子。

专家解读

故事中的孩子父母离异对孩子造成一定心理伤害，父母争执使孩子内心缺少安全感，孩子异常敏感，容易表露出攻击性。《指南》社会领域教育目标指出中班儿童需知道和自己一起生活的家庭成员及与自己的关系，体会到自己是家庭的一员，能感受到家庭生活的温暖，爱父母，亲近与信赖长辈。

父母和家人要注重孩子的道德教育，培养孩子良好品质，多和孩子一起游戏、谈笑，尽量在家庭和班级中营造温馨的氛围。

同时父母要学会尊重孩子，亲切地对待幼儿，关心幼儿，让他感到长辈是可亲、可近、可信赖的，家庭和幼儿园是温暖的。切记不可动手打孩子，尤其是离异家庭的父母。

家长应对孩子实行温暖教育，多多鼓励表扬，感化幼小心灵。多和幼儿一起翻阅照片、讲幼儿成长的故事等，让幼儿感受到家庭和幼儿园的温暖，老师的和蔼可亲，对养育自己的人产生感激之情。

26

拒绝溺爱

　　4岁半的宁宁可是家里的小霸王，作为独生子，全家人都宠着他。爷爷奶奶把他捧在手里怕掉了，含在嘴里怕化了，爸爸妈妈更是视他为宝贝，全家人什么事都依着他。有一天，宁宁在商场里看中一个挺贵的玩具，奶奶犹豫了一会儿，宁宁就抡着拳头打奶奶，奶奶只好赶紧给他买了他想要的，宁宁得意地昂起头，可神气了。在家里吃饭时，妈妈给宁宁夹了一些青菜，说吃了对身体好，但是宁宁从来都不喜欢吃青菜，一生气就把碗给摔了，妈妈只好给宁宁重新盛了一碗饭，再也不敢随意给宁宁夹菜了，宁宁更觉得自己好厉害。但是这可急坏了全家人，好不容易生个宝贝儿子，这样的性格以后可怎么办啊。

专家解读

　　宁宁的性格的确没办法在以后的社会立足，关心、尊重他人是儿童应该养成的良好品质。爱孩子是为了让孩子变得更好，以后有更好的生活，而一味地宠溺只会适得其反。

　　家长应从小引导幼儿尊重长辈，大人也要从自身做起，以身作则，为孩子做好榜样，引导幼儿关心尊重长辈，尊重其他人的劳动成果。

27

孤独的丁丁

　　丁丁，4岁半，男孩，是幼儿园中班的一位小朋友。他有些弱视，脸上总是架着一副小眼镜。他似乎不太习惯这副眼镜，看人总是略微低下头从眼镜上方空隙去看，妈妈时常提醒他却也不怎么管用，就好像他总是不愿意按照妈妈的要求做事，总是和别的小朋友不合群。有一次，妈妈带他去游乐园，所有的小朋友都兴冲冲的，只有他一个人不太愿意似的慢吞吞地走着，妈妈几番催促拉着他的手才慢慢走到游乐设施附近。户外活动的时候要做多人游戏，他也没有任何的小伙伴，没有人愿意和他一组。大家都玩得很起劲儿，只有他还是一个人站在旁边。

专家解读

　　故事中的丁丁由于弱视而缺乏自信心，不太喜欢与人交往，不爱参加集体活动。若不有意识地去培养孩子的交往能力，会形成孩子孤僻的性格。成人在重视儿童身体健康的同时，要高度重视儿童的心理健康。故事中的孩子心理方面出现偏差，如不注意教育将会给孩子的未来造成不良影响。

　　家长应该通过多鼓励和表扬来促进他与其他小朋友的交往。如发现他与小朋友说话了，就马上表扬，让他意识到与小朋友交往是一件快乐的事情；应多和孩子一起游戏、谈笑，尽量在家庭中营造温馨的氛围。

　　家长在日常生活中要有意识地鼓励孩子，发现孩子的闪光点并及时给予肯定，让他在其他孩子面前树立起自信心，激发他主动与其他孩子交往的欲望。

28 孩子能唱流行歌吗?

小胖是个 5 岁的胖乎乎的小男孩,特别喜欢唱歌。在家里,他经常大声地唱各种歌曲。一天,妈妈正在做饭,小胖兴奋地告诉妈妈,他学习了一首好听的歌,非要妈妈停下手里的事情听他唱。"对面的女孩看过来,看过来,看过来,为什么对我不理不睬……"妈妈一边听,一边哭笑不得,原来小胖唱的是现在的流行歌曲。妈妈很困惑,小胖的模仿力很强,经常模仿电视和广播里的流行歌曲,但这些歌曲适合孩子唱吗?

专家解读

5 岁的小胖声带发育还不健全,也缺乏对是非的判断力,我们要尽量少让儿童去唱成人歌曲。这样不仅因为音域不合适、会伤害孩子弱小的声带,也会让一些不适合孩子的歌词污染孩子幼小的心灵。

儿童有非常强的模仿性,目前社会上的很多流行歌曲浮躁并附带一些并不健康的思想,对儿童的影响很大。家长应该主动抵制这些音乐对孩子的不良影响。

如果孩子喜欢这样的旋律,可以改编歌词和孩子一起唱,并告诉孩子有些歌曲不适合他们,和孩子一起唱的时候也要改变调性,变成孩子可以接受的音域。尽量给孩子多听适合孩子的歌曲,并教孩子一些健康向上的儿童歌曲。

29 老师必须示范吗？

今天是幼儿园开放日，小明的妈妈也来了。美术活动中，老师给每一位小朋友准备了彩泥，组织小朋友一起来讨论、探索，要求小朋友用彩泥做一个自己熟悉的小动物。在老师的引导下，小朋友热烈地交流、认真地创作了起来。不一会儿，大家面前出现了奇怪的小蝴蝶，夸张的小猴子，变形的小青蛙，有意思的小鱼！小明的作品最奇特，一只似像非像的大象。看了小明的作品，妈妈疑惑而不满地质问老师："老师，您为什么不给孩子们示范？不做示范，孩子们捏出来的小动物根本就不像啊！"

专家解读

美术创作活动中，不提倡老师给儿童示范，更不应要求儿童照着老师的作品去模仿。

小明妈妈的疑惑是很多家长的疑惑，认为孩子的美术创作，应该模仿老师的示范去完成。对于学前儿童美术教育来说，这是一个严重错误的观念。给孩子示范或让孩子照着范画去模仿，都会在一定程度上约束孩子审美情绪的表达，会在很大程度上限制孩子创造性思维的发展。"奇怪的小蝴蝶"反映出孩子奇妙的想象，"夸张的小猴子"表现出孩子稚拙的原创之美，"变形的小青蛙"展示了孩子造型的创造性，"有意思的小鱼"抒发了孩子自己的想法，"似像非像的大象"是小明自己的创造……成人不应用像与不像的标准来衡量孩子的作品，而应关注孩子在创作过程中所表现出的情绪、思维、认知和能力。

小明妈妈应该信任幼儿园老师，老师的引导方法是符合幼儿身心发育和发展规律的，这样的方法有利于提升儿童学习能力和学习品质。如果家长有不明白的地方可以虚心向老师请教，听取老师对教学目标、内容、方法的解读，从而纠正自己错误的教育观念。同时，不能对孩子的作品以成人的评价标准妄加评论，以免对孩子造成伤害，阻碍孩子身心的发展。

30 学习钢琴的烦恼

小胖 4 岁半了，妈妈为小胖买了一架大钢琴，还为小胖在音乐学院找了最好的钢琴老师。每个周末妈妈都带小胖去老师家里学琴。起初，小胖很喜欢弹琴，每天都主动要求练琴。一个月后，妈妈发现小胖越来越不喜欢弹琴了，而且还偷偷地把乐谱藏起来，每次练琴时都表现得很烦躁。妈妈为了让小胖好好练琴，还对小胖发了脾气。小胖好难

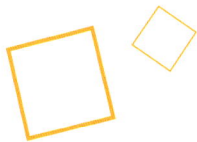

过。看着每次边练琴边噘着嘴的小胖，妈妈很苦恼，不知道该怎么办。一天，妈妈来到幼儿园，和老师交流这件事情。老师告诉妈妈，孩子刚刚 4 岁半，手指的小肌肉还没有完全发育好，手眼协调能力也比较差，一下子学习这么复杂的乐器，以及比较难的技法、很多乐理知识，对于筷子都拿不稳的小胖来说，是非常困难的。孩子因为太难所以慢慢丧失了学习钢琴的兴趣，而且钢琴的学习并不是越早越好。妈妈听了老师的话，觉得很有道理。回家后，和小胖商量暂时停下钢琴的学习，为小胖报了合唱和小打击乐。一段时间后，妈妈发现小胖又喜欢音乐了，他和小朋友们一起唱歌，一起做打击乐游戏，非常开心。

专家解读

孩子学习音乐并不一定都要通过钢琴学习。特别是年龄小的孩子，学习钢琴通常比较困难。

钢琴的学习要求比较高的技法，在初期练习时会比较枯燥，加上有一些钢琴老师对孩子的认知规律和不同年龄阶段的学习特点并不了解，只注重技能方面的学习，这样反而破坏了孩子对音乐的兴趣。

建议学龄前的孩子多参加集体音乐活动，如合唱、打击乐等，会更好地保护孩子学习音乐的兴趣和热情，培养孩子的音乐感受力。

31 爱唱歌的小·石头

　　4岁半的石头和爷爷奶奶住在大山深处美丽的小山村里，她很想念在北京打工的爸爸妈妈，但他们只有过年才能回来看她。春节终于到了，爸爸妈妈回来了，给石头带来很多从没见过的好吃的和玩具。石头好开心，她用方言给妈妈唱着奶奶经常哼唱的小调。看着孩子唱得那么投入，妈妈却直皱眉头，她让石头别唱这些乡土气十足的歌谣，还责怪奶奶不该教孩子这些。城里的孩子都学钢琴，她所在公司的老板还经常带孩子去听音乐会，虽然乡下条件不好没有钢琴，但至少也该给孩子听听城里人听的音乐。石头很委屈，她特别喜欢唱歌，为什么妈妈不喜欢她唱歌呢？

专家解读

　　孩子4岁半正是喜欢模仿的年龄，音乐的学习对孩子的感受力非常有好处。石头从小和爷爷奶奶在一起，耳濡目染家乡的山歌，并能唱得很好，是非常难得的。学习音乐并不仅仅是学习西洋乐器或者外国的交响乐，地方的民歌和戏曲都是非常好的音乐素材。学习音乐是通过唱歌、欣赏来感受音乐的旋律、节奏、音色和强弱。我们国家有着非常丰富的音乐文化，能够和家里人面对面地唱歌，其实是学习音乐最好的方法。音乐就像语言，音乐感受力是在与人的交流中慢慢熏陶、慢慢培养的。我国著名的作曲家谭盾先生说，今天之所以能取得这样的成就，得益于他从小生活在湖南乡下，经常跟着父母唱民歌，听戏曲，形成了他独特的音乐审美。每个民族和地方都有自己独特的音乐形式，不分高雅和粗俗。从小能在本土的音乐环境中长大是非常难得的文化熏陶。相比起来，城里的孩子反而很少能有这样对本土文化了解的机会。

5 ▶ 6 岁

儿童学习发展指南

5—6 岁儿童的发展特点

　　5—6 岁儿童的动作灵活性进一步增强，能够熟练地做大肌肉运动；平衡性、协调性、持久性均大幅度提升，能自如控制手腕和手指，精细动作水平较之前有很大的提高。这一时期的儿童脑结构日臻完善，主要表现为：思维水平提升很快，逻辑性思维开始萌芽，求知欲增强，喜欢提问，特别爱问"这是什么""为什么""怎么做"，甚至会因探究而出现"破坏"行为。对玩具或其他材料操作自如，并有一定的创造性。能条理清晰地独立讲述所看到和听到的事，词汇量迅速增加，开始对文字及其他符号产生兴趣，并且在日常生活及游戏活动中开始尝试使用符号。情绪情感的稳定性增强，多数儿童有自己的爱好及稳定的玩伴，开始出现合作游戏，自我控制能力有所增强，懂得制定并自觉遵守游戏规则。个性开始萌芽，当听到别人对自己的评价与自我感觉不符时会申辩。乐曲及节奏的感知与表现能力增强，能用多种材料和工具进行涂画粘贴，有一定的创造性表现。这一年是孩子从幼儿园生活到小学生活转变的一年，家长应在充分了解孩子内在发展规律的基础上，将健康的身体、良好的习惯、完善的个性、适宜的方法作为育儿目标，促进孩子身心全面和谐均衡地发展。

1 懒得说话的浩浩

"老师，浩浩又打人了！"李老师听到这话，赶紧顺着话音看过去，只见浩浩憋红了小脸使劲拽着宝宝的衣服，宝宝一边拼命地挣扎一边哭叫："你放开我！"李老师拉开了他俩，安慰完哭泣的宝宝，看着倔强又委屈的浩浩，很是郁闷。

浩浩是家里三代单传的宝贝，爷爷奶奶总是宠着他，他指哪儿爷爷奶奶就带他去哪儿，指什么就给他什么，就连吃饭也只需点头摇头来选择吃什么。在家他不用说一句话，爷爷奶奶就满足他。因为心疼浩浩入园会不适应，一直到5岁半了，想到还有一年就要上小学了，这才不得不送浩浩去幼儿园。

浩浩在幼儿园总是想让小朋友听他的，可是他又不善于表达，越急越说不清，小朋友跑开不听了，他不让走，于是就产生了冲突……这样愿意和浩浩玩的小朋友越来越少，他也更不想去幼儿园了。

专家解读

浩浩因为从小缺乏语言运用的情境，"不用说"导致他词汇量少，言语交流技能差。当言语沟通不畅的时候，身强力壮的他就会选择"上手"。

孩子从不会说到"能够有序、连贯、清楚地讲述一件事情"，甚至"讲述时能使用常见的形容词、同义词等，语言比较生动"是一个循序渐进、逐步积累的过程。而在这个语言的学习过程中，光是听别人说是远远不够的，语言不是"教"出来的，而是孩子在运用语言的过程中发展起来的，必须给孩子提供语言实践的情境和机会，激发孩子想说的愿望，鼓励孩子大胆表达，让孩子体验到语言交往的乐趣。

建议家长经常和孩子交谈各种生活趣事，让孩子给其他人"带话"（转述别人的话），让孩子讲一讲他看过的图画书或动画片，鼓励孩子与其他孩子或成人进行交流与合作，带孩子与其他小朋友做游戏等。

2

飞飞写名字

幼儿园大班的各种活动中，小朋友的作品越来越多，老师要求小朋友要能在自己的作品上写上名字，所以让家长们尽快教会自家孩子写名字。飞飞姓葛，妈妈给他写了一个大大的"葛"字让他照着写，结果妈妈看到他画个草字头，画个太阳，下面又画了点横竖的道道，表示"葛"，妈妈很发愁。过了十几天，飞飞才写得有点像模像样了。

专家解读

这是幼儿最初写汉字时的常见现象，很多孩子不是写字而是画字。

刚开始幼儿对于汉字的认读是像看图画一样的，从局部到整体，而书写也是像画画一样。随着他们文字意识的发生，对字的意义的理解越来越深入和确切，他们逐渐不再把字的各部分分别画出来摆在那里，而是尝试整体地去书写。

所以家长起名的时候，太过生僻又难写的字还是慎用。从书写名字开始，逐渐可以让儿童进行一些书写练习，主要目的是让儿童学会正确的握笔姿势，熟悉汉字的基本笔顺和汉字的基本结构，以及规范写字时的坐姿，为儿童入学后的书写做好准备。

3 画成语

"爸爸、妈妈，你们快来看，猜猜这是什么？"爸爸妈妈过来一看，成成在家里白白的墙上画了一艘船在水上，在后面画了一条鱼。"什么呀？把墙画得乱七八糟的！"妈妈气得不行，正要发火，成成却得意地说："这是我画的成语！"

原来幼儿园最近在开展"有趣的成语"主题活动，老师在走廊上用几张大白纸把柱子包起来设立了"成语柱"，鼓励孩子随时将自己想画的、想写的成语画上或写上，并留下落款，注明是自己画的或写的，老师让小朋友们先互相猜画的内容再把字写上。每天孩子们都兴趣盎然、三五成群地围着"成语柱"写着、画着。成成回到家里想起了一个成语"漏网之鱼"，就忍不住把它画在了墙上。弄明白了缘由，爸爸妈妈无奈地笑了：孩子的画很有创意，可是把墙画脏了怎么办？

儿童是在写写画画的过程中体验到文字符号的功能，进而对书写产生兴趣的。

儿童越早开始阅读就越早意识到图画和符号可以表达一定的意思。在阅读过程中，儿童会逐渐发现图画、符号和文字、口语之间的对应关系。儿童自己讲过的事情也可以由爸爸妈妈用文字记录下来，自己画的画也会很高兴地把内容讲给别人听，如果他画的画不用讲别人也能看懂，他会很高兴，这些都会让他体会到文字符号的功能。

家长和老师应该给儿童提供可以随时取放的纸、笔等材料，家长还可以在家里的墙上钉上一块可以擦拭的白板，满足幼儿自由涂画的需要，让幼儿体会写写画画的方式也可以表达自己的想法和情感，从愿意到能够"用图画和符号表达自己的愿望和想法，以及表现事物或故事"，逐步培养书写兴趣和前书写能力。

4 大海像什么?

放暑假了，妈妈带着 5 岁的健健到海边度假。早上，妈妈和健健来到海边，一见大海，健健兴奋地拉着妈妈："妈妈你看，大海像一只皮球，滚来滚去!"妈妈却说："大海怎么会像皮球呢? 大海像绸缎一样，又像镜子一样。"听了妈妈的话，健健不服气地小声嘀咕着："我就觉得像皮球嘛。"妈妈气恼地在健健小屁股上拍了一巴掌："净瞎说，好好看看，哪里像了?"健健一下子没了和妈妈再说下去的兴趣，跑开了。

专家解读

这是一件涉及语言和科学的事件记录。妈妈带孩子去亲近大自然，感受大自然对孩子的身心是有益的。但当孩子看到大海兴奋地说出自己的想法，并用比喻句说出大海像皮球的时候，妈妈却马上否定了孩子的说法。妈妈的这种做法是不合理的。

在健健的眼里，他看到的大海的波浪是滚来滚去的，从孩子以前的经验来说，皮球就会滚来滚去，所以健健才会很兴奋地说大海像皮球。而在妈妈的眼里，大海怎么会像皮球呢? 成人的社会经验和生活经验比孩子丰富得多，所以妈妈以自己的视角做判断，否定了孩子。妈妈没想过这样会打击孩子的求知欲和好奇心，以及想说、敢说的表达积极性。

作为家长，妈妈带健健去接触大自然，激发孩子的好奇心和探究欲望，丰富孩子的生活经验是正确的。当健健见到大海并兴奋地用比喻句完整地表达自己的想法时，妈妈应该先表扬和赞赏健健的想法，然后和健健一起观察和探究：大海还像什么，为什么，鼓励孩子去想象去发现并且耐心地听健健的想法。在健健发表自己的看法时，妈妈应该积极做孩子的倾听者，和孩子探究问题时应为儿童提供轻松和愉快的交流环境，让孩子能大胆地说出自己的答案。

5 妈妈我想画画

小明喜欢画画，常常会缠着妈妈说："妈妈我想画画。"妈妈却总是反对："马上要上小学了，妈妈给你报了识字班，没时间画画。"有一天，小明又对妈妈说："妈妈，我真的想画画。""你这孩子，怎么总吵着要画画？这样吧，你今天把识字班的十个字抄写十遍,妈妈就让你画画。"说完打开写字本，让小明完成任务。小明哭着说："我不想写字，就想画画……"妈妈严厉地说："不写字，就别想画画！"

专家解读

绘画是3—6岁儿童的另一种语言，"我想画画"是所有幼儿园孩子的内在需求，家长不应限制孩子，更不该用不符合幼儿心智发展规律的"写字"和画画的内在心智需求做交易。这样做的结果将不利于孩子身心健康发展，不利于学习兴趣的培养，不利于孩子的成长。

幼儿园孩子的理性思维还没有发展起来，他们主要依靠感觉器官和感性经验来认知事物。而对事物感性的认知又需要通过美术符号（而不是文字）的方式进行表达。因此，绘画是3—6岁儿童的"第二语言"，几乎所有心智健全的学龄前儿童都喜欢绘画。绘画不仅是孩子与外界沟通的语言，也是孩子对外界事物认知情况的反映，是一种符合幼儿年龄特点的情感抒发的方式和学习的方式。孩子在画画的过程中有观察、有记忆、有联想、有想象等创造性思维活动的参与，对开发儿童心智技能起到重要的作用，有利于未来的学习。

小明妈妈不仅应该满足孩子的需求，还应积极鼓励孩子多观察、多思考、多画，从而促进孩子智力和情感因素的顺利发展。

⑥ 漂亮的新家

小明和爸爸妈妈搬进了新家，妈妈和小明一起商量如何布置新家。小明说："妈妈，就在墙上贴上我的画吧！"妈妈高兴地表示赞成："这个主意真不错，用你的画来布置我们的家最合适！"小明和妈妈把他上幼儿园小班、中班时保存下来的美术作品整理了一下，一起精心挑选了几幅。妈妈带着小明，去给这些美术作品安装上漂亮的画框，挂在了新家的墙壁上。家里挂上小明的画，更漂亮了！

专家解读

小明的妈妈做得很好。

幼儿美术教育的目的之一，就是培养幼儿的审美意识。儿童能想到用自己的美术作品来装饰环境，是儿童审美意识萌芽的表现，说明孩子已经初步具备了对美的感受和欣赏的心理条件。妈妈对小明的支持不仅让孩子体验到被肯定的满足感，用孩子的作品装饰家里的环境，也让孩子体验到成就感。这不仅会激发孩子对艺术的兴趣，还可以树立孩子的自信心，有利于孩子未来的成长。

7 爸爸去哪儿?

爸爸工作很忙,好不容易到了星期天,天气好极了,春光明媚!看到爸爸正收拾东西,准备出门的样子,小红问:"爸爸,您去哪儿?"爸爸答道:"和你张叔叔一起去钓鱼。""我想去公园,爸爸你带我去公园吧!"小红拉着爸爸的手轻声说。"你和奶奶在家……"爸爸说完转身走了。又是一个周末,天空湛蓝湛蓝,秋高气爽!小红看到爸爸背上背包要出门,问:"爸爸去哪儿?""今天周末,爸爸平时工作太累了,今天和你刘伯伯喝茶去,放松放松。""爸爸我想去动物园,咱们去动物园吧!""你和妈妈在家玩儿。"……

爸爸总是忙于工作,即使是周末也只顾着自己消遣,忽略了孩子的需求,长此以往,可能会影响到亲子关系。孩子感受、欣赏大自然之美的愿望长期得不到满足,还会影响孩子健康情感的发展。

作为家长,应该创造条件让孩子接触大自然,引导孩子感受自然之美;带孩子去美术馆、博物馆等欣赏艺术作品,引导孩子欣赏艺术之美;支持孩子对外界探索的愿望,引导孩子观察感受丰富多彩的世界。家长应尊重孩子的兴趣,理解孩子的需求,和孩子一起观察美、感受美、欣赏美,从而促进孩子审美情感的健康发展。

爸爸、妈妈应该利用周末时间多和孩子在一起,带孩子一起去大自然中,欣赏自然风光,领略自然之美,放松情绪,陶冶心灵。既满足了孩子的需要,也释放了工作带来的压力。和家人、孩子在一起,家庭关系愈加改善,家庭氛围其乐融融,孩子在这样的家庭环境中,才能更健康地成长。

8

驼背了的小·伊伊

伊伊上大班后，非常喜欢写写画画，姐姐每天回家做家庭作业时，她总是想坐在姐姐身边一起写字。

妈妈怕她打扰到姐姐，就让她到茶几上去画。由于沙发太高，孩子坐着不舒服，所以基本上都是趴在茶几上"做作业"。妈妈看到了，心里想：到底要不要给孩子买一个专用的书桌呢？看看家里，房子不大，摆得满满的；上网搜了搜儿童书桌，感觉也有点贵；而且觉得孩子刚上小班，也没什么作业，用途好像不太大……所以决定等上了大班再说。

一学期还没结束，有一天，老师告诉伊伊妈妈，孩子好像总是挺不直背，有点驼背，视力也不太好，建议带孩子去医院检查一下。

良好的体态能反映一个人的精神面貌，学前期是体态形成的奠基阶段，家庭要提供足够的教育支持，帮助儿童获得能伴随终生的长远效益。

儿童通过模仿学习，通过动手操作、亲身体验获得满足。小伊伊看见姐姐写作业，产生了模仿的冲动，妈妈对她的要求给予支持的行为是值得肯定和赞赏的。然而，伊伊在她的"学习"中，由于没有适合她的桌椅，只能在现有条件下以自身觉得"舒服"的身体姿态进行活动，这种长时间持续的不符合健康要求的姿态成了伊伊驼背和视力下降等身体问题的"罪魁祸首"。

父母在充分满足孩子的探究欲望时，要有意识地创设最有利于儿童进行各种"学习"活动的物质和精神环境，如自由愉悦的情绪氛围、明亮的光线、丰富的材料、安静的空间、合适的桌椅等等，更要从小提醒孩子保持良好的身体姿态并养成正确习惯。切不可图省事、怕麻烦，忽视对孩子生长发育的保护。

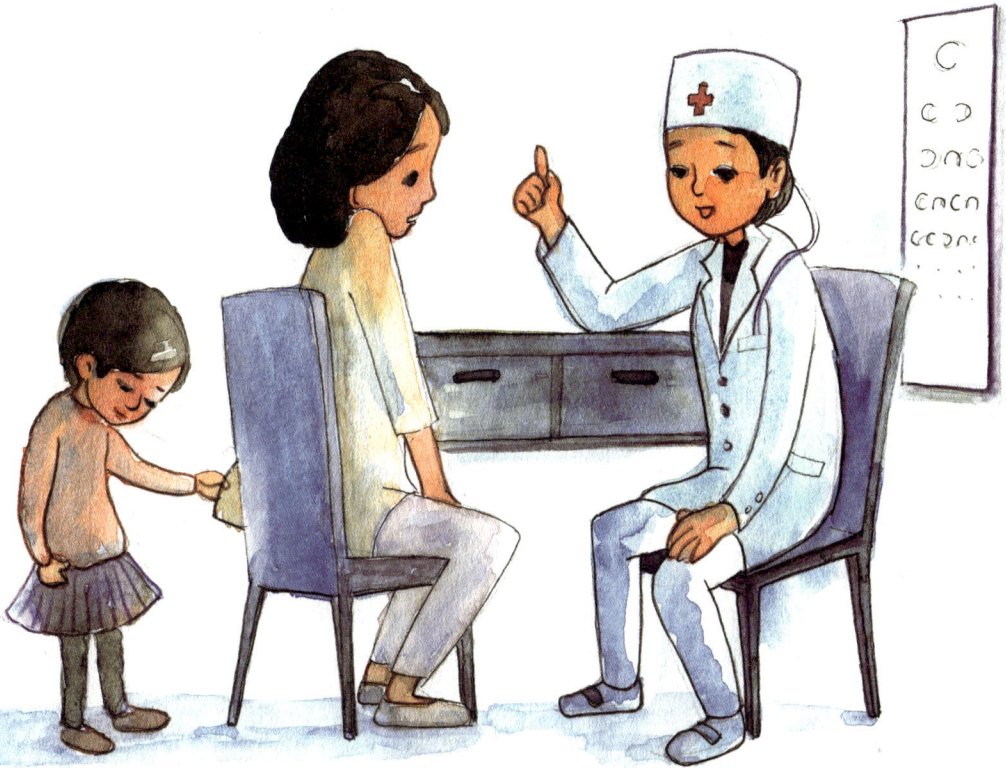

9

胖胖爱吃肉

胖胖的爸爸妈妈工作都很忙，所以，自从胖胖出生，一直是奶奶帮忙带。

奶奶非常疼爱胖胖，每天都会给他做好吃的，胖胖最爱吃奶奶炖的大块大块的肉，奶奶看着胖胖吃得香，她也很高兴。奶奶告诉胖胖，她自己小时候经常饿肚子，到过年才能吃到肉，现在有条件了，就要多吃肉，吃肉才有营养，才能长得又高又壮。奶奶经常摸着胖胖的小脸，疼爱地说："这样的脸蛋摸着多舒服！"过完暑假胖胖上大班了，小朋友玩游戏，没人愿意跟胖胖一组，他们说，跟他一组肯定输，因为他跑得慢，总是拖后腿。胖胖非常难过。

专家解读

均衡的营养维持生命活动，身体生长发育需要均衡的营养摄入，幼儿园和家庭都应该着力保障儿童饮食与营养的科学性。

胖胖的奶奶经历了物质贫乏的时代，肉食是那个时代食物追求的理想，也是生活质量的象征。现今，食物供给丰富，我们有条件实现对身体所需营养的"完美输入"，科学的营养观念就成了影响人们食物选择的最主要因素。奶奶以自己没有更新的经验作为指导胖胖食物选择的核心理念，导致了胖胖肥胖症的发生，影响了胖胖的动作水平和社会交往发展，甚至对胖胖心理健康产生了负面影响。

家长们要丰富自己的营养知识，更新营养观念，多样化选择食材，科学烹调食物，改善和提高家庭饮食的质量，为儿童的良好生长发育护航。

10 愤怒的明明

明明是个"小霸王"，大五班的小朋友都怕他。

今天，明明和哥哥闹矛盾了，他们争抢一件玩具，最后哥哥赢了。明明想让妈妈帮他，妈妈让他自己跟哥哥商量，明明觉得妈妈偏心、不公平。他一边哭一边扔东西，妈妈怎么都劝不住。

爸爸看到这情景，火冒三丈，拉过明明，朝屁股上打了一巴掌，打得明明不敢扔东西了，也不敢哭了。可是明明就是觉得很委屈，他认为哥哥、妈妈、爸爸都不爱他。

专家解读

孩子需要表达情绪，需要发泄不良情绪，成人要引导孩子用合理的方式表达。

明明愤怒的情绪来自于竞争失败，升级于求助妈妈未果，在爸爸的体罚下得到暂时抑制。但他的愤怒消解了吗？很显然，没有！如果下一次再有类似的问题出现，可能故事中的情形还会重复一遍。在我们的传统教育观念中，体罚是教育孩子见效最快的方式之一，面对孩子不符合自己预期的表现与反应，许多家长缺乏和孩子讲道理的耐心，也没有恰当的应对策略，所以，选择压制孩子以获得表面上的平静。

父母要帮助儿童学会表达和调控情绪。首先，做好孩子的榜样，自己要学会正确地表达和调控情绪，在日常生活中用自己的方法解决情绪问题，让孩子受到潜移默化的影响。其次，教给孩子有效的方法，孩子对自己情绪的管理能力还未形成，难免会有超出父母承受预期的状况发生，在情绪爆发的时候，先让他发泄，等他平静后告诉他该怎么做，这样孩子容易接受，效果也更好。另外，体罚是违法行为，要禁止！

11 爸爸的球星培养计划

　　栋栋有一个"体育迷"的爸爸，所以，他家里有很多运动器材，篮球、足球、跳绳……

　　受爸爸的影响，栋栋也经常拿这些运动器材来玩，而且玩得有模有样。栋栋上大班后，爸爸决定开始培养他的运动能力，想把他培养成一个篮球运动员，并为此写了一个翔实的计划：每天做3组跳绳，每组60个；连续拍球100下……完不成训练计划会有惩罚。

　　栋栋刚开始很有兴趣，但没到一个月，他就开始抵触训练了，甚至装病逃避。

专家解读

　　儿童参与体育游戏活动最主要的目的是培养运动兴趣、发展身体机能，技能和水平的提高是在长期参与运动过程中自然而然发展并水到渠成的。

　　受父亲的影响，栋栋从小爱运动，体现了家长在儿童学习和发展中的"榜样"作用，但在他身上发生的令人欣喜的兴趣倾向却最终"夭折"于父亲急功近利的心态。栋栋不是个例，是一批因不正确家庭教育而被"废了武功"的儿童中的一个代表。在学前期儿童身上，各种天赋倾向迸发，家长往往以自己的喜好有选择地进行培养，而且将这种培养与儿童将来可能从事的职业直接挂钩，所以难免陷入追求机能熟练和水平高超的误区。

　　在发展儿童身体机能的教育中，对于机能性活动，不要过于追求数量，更不能机械训练。家长要多提供机会，让孩子表现出他的天赋和兴趣，有意识地推动孩子以兴趣为导向的发展。切不可过早地为孩子定下一生发展的"调子"，限制孩子多方面发展的可能性，给孩子带来不必要的压力。

12 狼吞虎咽的奇奇

奇奇的爷爷是个急性子，总感觉一天的时间过得很快，干什么事都不磨蹭，连吃饭都如风卷残云一般。

大班寒假的时候，爸爸妈妈都要出差，就把奇奇送去了爷爷家。爷爷看奇奇吃饭时一口饭要嚼半天就很着急，说："男子汉吃饭要狼吞虎咽才有气势，女孩子才细嚼慢咽呢！"又说："今天跟爷爷比赛，看谁先吃完！"奇奇吃得快了，爷爷就夸他，说奇奇跟自己一样干啥事都利索。

奇奇慢慢习惯了大口吃饭，不怎么嚼就往下咽，不过他经常吃完了饭抱着肚子说难受。

专家解读

吃饭不仅仅是为了填饱肚子，还要吃得好，吃得香，良好的进餐习惯有利于营养吸收、身体健康。

爷爷对自己错误的进餐习惯不仅不知错，还以此为傲，奇奇年龄小，对正确的进餐要求缺乏认识，所以容易受到大人言行的影响。结果，奇奇也很快形成了和爷爷一样错误的进餐习惯。亲人的言行是孩子最直接的学习榜样，长辈尤其是祖辈，很疼爱孩子，也愿意帮忙带孩子，但受思想观念、知识水平、能力素质等制约，他们在习惯上有一些不好的表现，这些表现直接间接地都会影响孩子习惯的养成。家庭教育中这种现象要格外关注。

家庭中长辈要提高自己对科学进餐的认识水平，着力改善自己的进餐习惯；当孩子表现出错误的进餐行为时，家长要帮助孩子明白道理、改正错误；帮助孩子纠正错误的方式要科学，避免引起孩子不良的情绪体验。

13

邋遢鬼，没人理

　　强强精力旺盛、活泼好动，身体素质也很好，还有一定的组织管理能力，很多小朋友都爱听他的指挥来一起游戏。在大三班强强也是老师的好帮手，但他就是不太讲究卫生，每天出去玩回来衣服都是脏兮兮的，小手小脸也黑乎乎的。妈妈觉得男孩子嘛，脏就脏点，再说了，每天都换洗衣服妈妈也吃不消。

　　强强越来越大了，妈妈渐渐感觉有的家长对强强指指点点，还有孩子当面叫强强"邋遢鬼"。

专家解读

　　卫生习惯是一个人教养的体现，影响个人形象，影响他人的评价，是孩子生活能力的重要组成部分。父母是孩子形成良好卫生习惯的导师。

　　孩子没有一边游戏一边关注清洁卫生的意识与能力，所以孩子一身干净衣服穿一会儿就弄脏了，有人甚至为此责骂孩子。也会有些父母像强强妈妈一样，觉得既然穿不干净，那就让他脏着去。这样的做法，带来了孩子对自身清洁卫生的漠视，让脏成为他的习惯，不利于良好卫生习惯的形成。并且还很容易让别的孩子给他贴上"邋遢"的标签，影响孩子自尊自信心的发展。

　　父母要帮助儿童养成良好的生活卫生习惯，勤为他洗头、洗澡、换衣服、剪指甲等。父母也要讲究个人卫生，把家庭环境安排得井井有条，让孩子长期在整洁的环境中生活，习惯整洁和有秩序的生活状态。为孩子挑选的衣服无须多么名贵，要耐脏、好清洗，孩子在活动的时候，提醒他注意保持清洁，定期为孩子洗澡、剪指甲、更换被褥……从细节渗透卫生习惯教育。

14

爸爸凶巴巴

倩倩害怕爸爸，因为爸爸总是很凶。

上小班时，倩倩第一次自己穿上了鞋，高兴地去给爸爸说，爸爸看了一眼说，穿反了，换过来；倩倩自己洗小袜子，爸爸进来看见满地的泡泡水，说浪费那么多洗衣液干嘛；倩倩在幼儿园学会了穿衣服，早上起床想自己穿，正尝试着把衣服调正呢，爸爸过来说："快点，把胳膊抬起来我给你套上，磨磨蹭蹭的别把我耽误得迟到了……"

现在倩倩上大班了，她等爸爸给她穿衣服，爸爸却埋怨说：这么大了，怎么什么都不会。

专家解读

生活自理能力的形成，离不开家长的正确引导和教育，其中，家长对孩子精神上的鼓励会极大激发孩子做事情的热情和信心。

倩倩尝试着做了很多事，想得到爸爸的认可和鼓励。爸爸以成人的标准看待孩子的行为表现，给予了负面的回应，极大地伤害了孩子的热情和信心。当热情消散，信心丧失后，孩子也不愿再做任何事情，哪怕这种事情已经是她能力所及。赞誉和批评是两种相反的态度，带给儿童的影响也是天壤之别。"好孩子是夸出来的"说的就是赞誉能提升自信，让孩子变得主动，喜欢接受挑战。

父母要鼓励儿童做力所能及的事情，对儿童的尝试与努力给予肯定，不因做不好或做得慢而包办代替。父母还要以儿童的眼光和标准评判孩子的行为，从孩子在服务自我、服务家人的"小事"中的表现来挖掘亮点，进行鼓励，激励他由爱做事情发展为能做好事情。以成人水平"高标准，严要求"儿童，是不尊重儿童的，也不利于儿童自信心的建立。

15 被烫伤的 "小·妈妈"

小红的家住在山里，爸爸妈妈都是农村人。爸爸每年都会出去打工，一去就是几个月，留下妈妈在家照顾小红和弟弟。家里种着几亩地，还养了几头猪。妈妈每天都很忙，既要打猪草还要下地干活。有时候，妈妈带着小红和弟弟下地干活；有时候，妈妈就把6岁的小红锁在家里看着弟弟，她自己下地干活。

有一次，弟弟要喝水，小红去给弟弟倒开水，结果，暖壶没拿好掉在了脚上打碎了。小红的脚被烫伤，现在还留着疤。

专家解读

孩子的安全健康成长，需要家长为之提供一个能保护他们的良好家庭环境，这是父母的义务。

小红是个"留守儿童"，她不光享受不到和父母一起生活体验完整的亲情，还承担了本不该她的年纪所应承担、所能承担的"工作"——照看弟弟。这样的现象应该在政府、社会和家庭的合力作用下被消除！从家长方面看，虽然可能有许多现实原因，但父母对孩子安全的成长缺乏应有的关注也是小红的爸爸妈妈需要思考和加强的地方。孩子是家庭的希望，没有什么比孩子健康成长更重要。

不把儿童独自留在家里，更不能让儿童照看更小的儿童，以防发生意外。父母要增强安全意识，真正关注儿童安全，不能抱侥幸心理，尽量将儿童带在身边；在事情急迫、非离开不可的情况下，最好找成年人来帮忙照看。当然，"留守儿童"问题的解决，要政府和全社会一起发力。

16 我会这样数苹果

妈妈买回来了一堆水果，5岁半的小萱帮妈妈从兜里往外拿苹果，边拿边数，当她数到"7个"的时候停顿了一下，又从头数了一遍，待所有苹果都放在桌上，小萱又从头数了一遍，终于把所有的苹果都数完了。妈妈看着女儿说："你一个一个数得真仔细，而且全数对了，很棒！不过妈妈还知道一种方法，可以又快又准确地数完苹果，你想学吗？"小萱使劲点了点头，说："想学。"妈妈把苹果两个两个摆成一排，然后对小萱说："你可以两个两个数。"然后做起了示范，2、4、6、8……，小萱随后也跟着妈妈学了起来并很快数完，妈妈接着又说："女儿，如果还想再快点数完，还可以怎样做？"小萱想了一下说："三个三个一起数。"

专家解读

儿童计数的能力随着年龄的增长会逐渐加强。周围环境中处处藏着数学的内容，当孩子表现出探索的兴趣并具备初步解决问题的能力时，成人应及时给予孩子更高级的环境支持。

案例中5岁半的孩子在计数方面已表现出相应的年龄阶段孩子的共同特点，愿意数并掌握了基本的计数方法，但对更高级的解决问题的策略还没有了解，此时成人的引导非常重要。

家长对孩子的观察很重要，把握儿童不同年龄特征的不同特点，结合生活实际，帮助孩子学会更多的计数方法。

17

玩玩围棋子

　　5半岁的小初看到爸爸桌上有两罐围棋子，伸手抓了一把，爸爸说："儿子，咱俩来玩个游戏吧，先抓一把棋子不要看，猜猜有多少颗？"爸爸先从罐子里拿出了一把说："我估计有7颗。"小初数了数真是7颗，接着爸爸又拿来一张纸一支笔说："咱们用这7颗棋子继续玩个游戏，把7颗围棋子送给爸爸和妈妈，有几种送法？"边说边在纸的中间划了一道竖线："儿子，你来送，我来记。"小初边摆弄围棋子边说："爸爸5颗，妈妈2颗；爸爸1颗，妈妈6颗。"小初边做边等着爸爸在纸上进行记录，父子俩玩得不亦乐乎。

专家解读

　　利用生活和游戏中的实际情境，引导儿童理解数的概念。围棋子是生活中很多家庭都有的材料，孩子用围棋子可以进行的活动也是多种多样的。在玩中做，在玩中学，让孩子在真正理解的基础上了解数学在生活中的存在，体会数学学习的重要性和趣味性。

　　在点数的基础上训练孩子估数的能力，为孩子日后进行更复杂的系统数学学习奠定一些基础，围棋子是很好的操作材料，爸爸的游戏设计也是高水平的。

　　学习数的分合知识是孩子学习数的运算的基础，生活中很多材料均可进行这些活动，家长在引导孩子操作时可以适时地进行操作记录，在记录归纳整理的基础上，帮助孩子进行概念的梳理。

18 小·花算算术

小花上大班了，家庭作业里已经有加减运算了。妈妈发现，做每一道题小花都要掰着手指头进行运算。于是妈妈在接孩子的时候问了其他家长，得知至少一半以上的孩子不用这样。小花的妈妈很担心小花的数学学习：小花这样计算有问题吗？什么时候才能像其他小朋友一样能看算式直接写出答案呢？

专家解读

小花是通过实际操作，运用合并计数或顺／倒接数的方法进行加减运算的。这也是儿童最初的运算水平。

儿童对于数与数之间的关系，以及"加""减"概念要借助一定的情境，通过实物操作才能理解。而儿童的运算能力是遵循"合并计数／数剩余数—顺／倒接数—数的分合—位值"这样逐级升高的水平发展的。孩子只有在这个水平的经验非常丰富熟练了，才会自觉地选择它作为解决问题的策略。小花虽然学了"10以内的分合"，可还不够熟练，所以她觉得不可靠，因而她还是选择了她非常熟练的计数技能去进行运算。

对于家长来说，应该了解孩子在数学学习上无论是先天能力还是后天速度都是有差异的，理解小花正处于"顺／倒接数—数的分合"的发展阶段。如果想促进孩子更早进入"数的分合"阶段，就要给孩子提供更多的机会让孩子对"10以内数（数量）的分合"熟悉，如给两个盘子里放水果，两个袋子里装彩笔，用10个瓶盖玩翻瓶盖等，之后让孩子记下分合式。当孩子的经验足够丰富，又理解"加""减"与"分""合"的关系时，一看到2+7就知道得9，就不会再掰手指了。

19 宁宁、鹏鹏学数学

宁宁在培训班里已经学习了两位数的加减法，而邻居家的鹏鹏才在幼儿园认识了 10 以内数字和等号、大于号、小于号，正在学习比较数量关系并用数学符号表示。晚饭后两位妈妈

专家解读

一起带着孩子去超市，鹏鹏看到一样的价格标签，兴奋地对妈妈说："我知道这两个一样贵。"妈妈指着不一样的标签问："这两个，哪个便宜啊？"鹏鹏指着数小的标签说："这个。"妈妈又问："你怎么知道啊？"鹏鹏说："这个数字是7，7比9小。""为什么7比9小啊？""因为7代表7个，比9个少2个"，鹏鹏自信地说。"嗯，鹏鹏说得有道理！"妈妈欣慰地说。

到了超市结账处，收银员帮宁宁妈妈算好账，一共67元。妈妈问宁宁："妈妈这里有50元、20元和10元的，该给收银员多少呢？你帮妈妈算一算，还要给妈妈找多少钱？"谁知宁宁却说："我只会做算术题，做作业已经很累了，我不想算了。"妈妈只好作罢。

宁宁在培训班超前学习了数的运算，但看起来只是记住能运算，却并未理解"加""减"的真正含义，不能在生活中自如地运用这项技能解决问题，而且孩子学得并不轻松愉快。反观鹏鹏在幼儿园所学内容虽然简单，但符合他的经验水平，幼儿园游戏化、生活化和操作性强的数学学习，让他能透彻理解数和运算的含义，掌握得扎实，而且学习愉快有成就感，能够将所学积极运用到生活中。

长期以来，我国的数学教育偏重于知识技能的训练，忽视数学思维的培养，而超前的"小学化"数学教育既违背了儿童的认知发展规律，也与数学学科的学习特点背道而驰。正如《指南》指出，学前阶段的数学教育应围绕"培养兴趣、发展思维、学习初步的数学知识"的目标进行，以操作性、游戏化、生活化的方式学习。

建议家长在家里鼓励孩子用操作、探索的方式解决生活、游戏中的数学问题。日常生活和游戏中有很多有趣的数学问题，家长可以引导孩子一起玩数学，培养他们对数学的兴趣。例如，家里买了一个香瓜，切一刀，变成了两片，切两刀会变成几片呢？小宝宝的衣服上有几粒彩色的扣子，爸爸妈妈可以和他一起数一数：一粒红扣子、一粒蓝扣子、一粒红扣子、一粒蓝扣子……当你和孩子一起搭积木时，可以让孩子试试两个全等三角形搭成一个大四边形，也可以多放几块积木让他试试别的玩法，能不能搭出一个正方形呢？

20

爱告状的孩子

"妈妈，他打我。""妈妈，他抢我的玩具。""妈妈，他说我坏话。"……有的孩子总是喜欢给家长打小报告，而娟娟就是这样一个孩子。游戏时，娟娟时不时地过来告状："妈妈，他们的东西放得很乱很乱，我跟他们说都不听。""妈妈，他们把甜品店的东西带到外面去了。""妈妈，东东抢我玩具。"50分钟内只见她跑进跑出好多回，时不时地听到她的大嗓门，结果自己都没玩到什么。吃饭的时候，娟娟又开始了。邻桌的小朋友不小心把饭洒在桌子上，娟娟就大叫："妈妈，你看他都没有好好吃饭。"邻桌的小朋友很委屈，家长也很是尴尬。

专家解读

告状是这个年龄阶段孩子很常见的一种现象。故事中的孩子希望受到家长、同伴的认可和关注，所以她会经常借由告状来寻求家长对她的关爱和认同，想要提高自己在家长心目中的地位。另外一个原因是，这个阶段是儿童道德认识进一步发展的阶段，他们对是非、善恶行为准则和社会道德规范有了初步的认识。对儿童表现出的遵守规则的行为家长要及时肯定，对违规行为要及时给予纠正。

首先，要教给孩子一些解决问题的方法，给他们提供解决问题的机会。其次，要保持对儿童的支持及持续关注的态度，让孩子独立思考并学会具备解决问题的能力。大班儿童已经掌握了一定的行为规范，有能力观察关心周围的儿童，易向老师告状，希望家长能纠正同伴的错误行为。在这种情况下，如果一味出面解决，不利于儿童独立处理问题能力的培养。

21 爱说谎的向向

向向今年5岁半了，有一个爱说谎的坏习惯。这天，刚放学回家，向向就高兴地给妈妈说："妈妈，我们老师说明天不用去幼儿园了。"妈妈还以为学校有什么活动呢，就打电话问老师，结果老师根本就没有说过。刚回到小区，看见张奶奶拄着拐杖走过来，向向又顽皮地说："张奶奶，你家明明在后边跟小朋友打架呢！"张奶奶一听着急了，赶忙跑过去，结果后边根本就没有明明。

专家解读

说谎一定是不对的，作为父母，应该严肃地告诉孩子这一点，也要让孩子明白说谎的严重性，但同时儿童经常分不清想象和现实，成人也不要误认为他是在说谎。

家长对于孩子的诚实行为应加以肯定，让他们知道说真话会得到家长的赞扬。当孩子出现说谎的情况时，家长应该及时反思是否是因自己对儿童的要求过高过严造成的，并及时调整自己的行为，为孩子树立好的榜样。如果孩子说谎已经成为习惯，家长应先有一个正确的态度，并采取合理的方法，必要时可以咨询专业人士。

22

学会尊重他人

欢欢生性顽皮，坐在公交车上，看见满头白发的老奶奶上车，妈妈示意欢欢给奶奶让座，可是欢欢就是不让。欢欢的伯伯来家里做客，看见欢欢放学，就把欢欢叫过去，给欢欢说："老师今天表扬你了吗？今天有没有……"可是欢欢根本就不听，反而站在沙发上乱跳。

专家解读

孩子的这种行为与父母平时的要求是分不开的。作为父母应该告诉孩子尊重他人，比如说，长辈讲话要认真听、公交车上主动给老人让座、见人问好等的基本礼仪要求，而不是一味地娇惯孩子。

首先家长要以身作则，以尊重、关心的态度对待自己的父母、长辈和其他人，看到别人有困难能主动关心并给予一定的帮助，给孩子树立学习的榜样。借助故事、图书等给儿童讲讲父母抚育孩子成长的经历，让儿童理解和体会父爱与母爱。结合游戏和生活，提醒儿童注意别人的情绪，了解他人的需要，并能适当地给予关心和帮助。

23 小·朋友应该一起玩

5岁半的女孩丽丽特别喜欢和小朋友一起玩游戏，每天吃完饭，丽丽都会告诉妈妈说，她要下楼和小朋友一起玩游戏。这时，妈妈就会从厨房出来说："嗯，好的，去吧，早点回来，注意安全！"丽丽就蹦蹦跳跳地下楼去了。所以，丽丽乐观开朗，热情大方，在小区有好多玩伴。可是邻居家的小华就不行了，当小华给妈妈说，她要下楼玩的时候，妈妈都会说："不行，和他们一起玩，你会被欺负的，你就在家玩，家里有这么多玩具，妈妈陪你玩。"小华就特别不开心。长期以往，小华变得胆小、害怕、羞怯、孤僻、不合群，难以适应新的环境，产生退缩性行为。

专家解读

《指南》中社会领域教育目标指出，儿童应该喜欢和小朋友一起游戏，有经常一起玩的小伙伴；喜欢和长辈交谈，有事愿意告诉长辈。

孩子出生以后，成为社会中的一分子，不可能永远躲在父母的大树下成长，作为父母首先应该明确多让孩子走出家门和同龄的孩子一起玩，能和大家一起玩也是孩子的一种能力。所以，父母应该试着"放手"，让孩子融入到同伴的圈子中去。

退缩性行为会阻碍学前儿童对外界环境的探索，影响其社会化和认知的发展。有退缩性问题行为的儿童一般都胆小、害怕、羞怯、孤僻、不合群，难以适应新的环境，而且对客观环境常常采取被动或逃避的行为方式。在识别儿童退缩性行为时，要和儿童在特殊情况下表现出的害怕、恐惧与冷漠区分开。

24 胆小的"小老虎"

沫沫是个6岁的小男孩，属相是"虎"，所以家里人都叫他"小老虎"。在家里，沫沫玩耍时总是上蹿下跳，讲话声音很大，腔调也很高，时不时摆出一副趾高气扬的姿态，爸爸妈妈为此没少训导他，但沫沫对爸爸妈妈的批评置若罔闻，完全一副"我是大王我怕谁"，永远不失一只"老虎"的威武。但是这只厉害的"小老虎"也有蔫儿的时候，一出家门他就夹着尾巴，小心翼翼、一声不吭，被人欺负了只会哭鼻子向爸爸妈妈诉苦，甚至连给认识的小朋友和叔叔阿姨打招呼都不敢大声说话，一张嘴就往爸爸妈妈的身后藏，或者直接钻进怀里，这个时候完全没有"小老虎"的威严了。爷爷奶奶说他这只老虎只会"窝里横"，但爸爸妈妈觉得他是一只胆小的"小老虎"。

专家解读

故事中的沫沫在家活泼好动，大胆自我，但到了外面面对新的环境却畏缩胆小，缺乏主动性。这种行为属于退缩性行为，他对陌生环境采取了被动逃避的行为方式。

学前儿童产生退缩性行为的原因是多方面的，既有父母教养方式不得当、家庭关系不正常，也可能有儿童自身先天素质问题、后天身体状况不佳和性格等因素，是各种消极因素的综合体现。成人要善于关注儿童的心理成长，在他们的成长中多提供一些快乐的体验，尽量避免一些消极的心理体验。

25 当孩子输不起时

灵灵是个6岁的女孩子，平时父母经常陪她一起玩竞赛性游戏，这样能让她更有积极性，也能培养她的竞争意识。一般情况下，父母都会故意示弱，让她赢，以此让她更自信，也更有胆量。每次赢了她都特别高兴，很有成就感。

可是有一次，她和爸爸玩跳棋游戏，爸爸让一直让着她，她赢了两次，后来再玩的时候，爸爸没让着她，结果她输了。灵灵说："爸爸我们再来。"可是又输了。灵灵输一次情绪不对了，输两次就没耐心了，输到第三次的时候就开始发脾气大哭起来，说不跟爸爸玩了，情绪很是激动。原来孩子早已习惯了胜利，对失败竟然无法承受。可是现实生活中怎么可能一直保持不败呢！

故事中的父母很爱孩子，处处迁就孩子，尽可能满足孩子的好胜心理，经常改变规则，用示弱让孩子处于不败结果。岂不知长此以往造成孩子只知道赢而输不起。成人随意篡改规则，也可能促使孩子有规则不遵守，失去对规则的敬畏意识，缺乏对失败的承受能力，反而误导了孩子。《指南》社会领域教育目标指出儿童应感受规则的意义，并能基本遵守规则。

成人要遵守规则，为儿童树立良好的榜样，如答应儿童的事一定要做到。家长要尊重客观现实，帮助儿童了解基本行为规则或游戏规则，体会规则的重要性，学习自觉遵守规则。让孩子知道现实世界有输有赢，要正确对待输赢，要平和对待失败，逐渐养成接受输赢的良好心态。

26 音乐中可以玩游戏吗?

妞妞 6 岁了，已经是幼儿园大班的小姐姐了。一天晚上，妞妞要妈妈放音乐给她听。她特别喜欢一边听音乐一边玩"木头人"的游戏，妞妞想和妈妈一起做这个游戏。妈妈很奇怪，这首非常著名的古典音乐怎么可以玩"木头人"的游戏呢？妈妈问妞妞知道唱的旋律是什么乐曲吗？是谁创作的吗？妞妞一脸懵懂地看着妈妈，说这个是老师教他们的，她特别喜欢。妈妈心里充满了疑惑，孩子这样听音乐可以吗？

专家解读

孩子学习音乐主要是通过聆听来建立对音乐元素的敏感性，从而培养良好的音乐感受能力和审美能力，而不是了解乐曲的来历和作曲家是谁。

儿童通过游戏中的具体行为能更好地学习和理解抽象的音乐，特别是在儿童阶段以动作思维为主。感受音乐，有一个很重要的途径就是通过肢体动作来表现音乐，在玩游戏的过程中让孩子通过随乐动作与停顿造型来感受音乐的元素，如节拍、乐句、乐段和力度等。结合游戏的方法引导孩子对音乐产生兴趣，也是这个年龄段孩子学习音乐很重要的方法。

27 懂事的妞妞

今天是重阳节，妈妈早早到幼儿园去接妞妞去姥姥家，和姥姥姥爷一起吃饭。放学的时候，老师告诉妈妈一个故事。妞妞和班上其他 10 个小朋友被选上为社区的爷爷奶奶表演舞蹈，但舞蹈只需要 8 位小演员，妞妞作为替补队员，今天因为所有的小演员都到了幼儿园，所以，妞妞没能去社区为爷爷奶奶表演。妞妞非常难过，她告诉老师，她每天都在家里练习舞蹈动作，她也可以跳得很好。她虽然不能去社区为爷爷奶奶表演，但可以为小班的弟弟妹妹跳舞。老师非常欣慰，妞妞没有因为不能去演出而哭闹，而是想出了一个更好的办法来表达自己的愿望，这对一个 5 岁半的小女孩来说是多么可贵的事情！老师非常支持妞妞的想法，午休过后，妞妞和另一个替补的小演员专门举办了舞蹈音乐会，为小班的弟弟妹妹演出。弟弟妹妹特别喜欢妞妞跳的舞蹈，都为妞妞鼓掌！妈妈听了这个故事，也非常高兴。

专家解读

音乐活动不仅是为了培养孩子掌握音乐的技能和音乐感受能力，更重要的是为了培养孩子健全的人格。

能够克服自己的失望，想出更好的办法来，对 5 岁半的孩子来说是非常难能可贵的，这件事情本身比演出和跳舞更值得称赞。

音乐艺术活动不仅能培养孩子的艺术感受力，若借此培养儿童健全的人格和良好的社会性，则是更令人欣慰的事情，建议妞妞妈妈针对这件事情对妞妞做出表扬。

28 我不喜欢小·提琴

　　妞妞5岁半了，妈妈为妞妞买了一把漂亮的小提琴，请了音乐学院最好的老师来给妞妞教琴。可是每次晚饭后到了练琴时间，妞妞都要找各种借口不愿意打开装琴的盒子，不是上厕所，就是喝水，每次都要磨蹭很长时间。妈妈看着妞妞的样子很焦虑，有时候甚至还会对妞妞发脾气。妞妞很委屈，越来越不喜欢拉琴了。这天，妈妈把妞妞

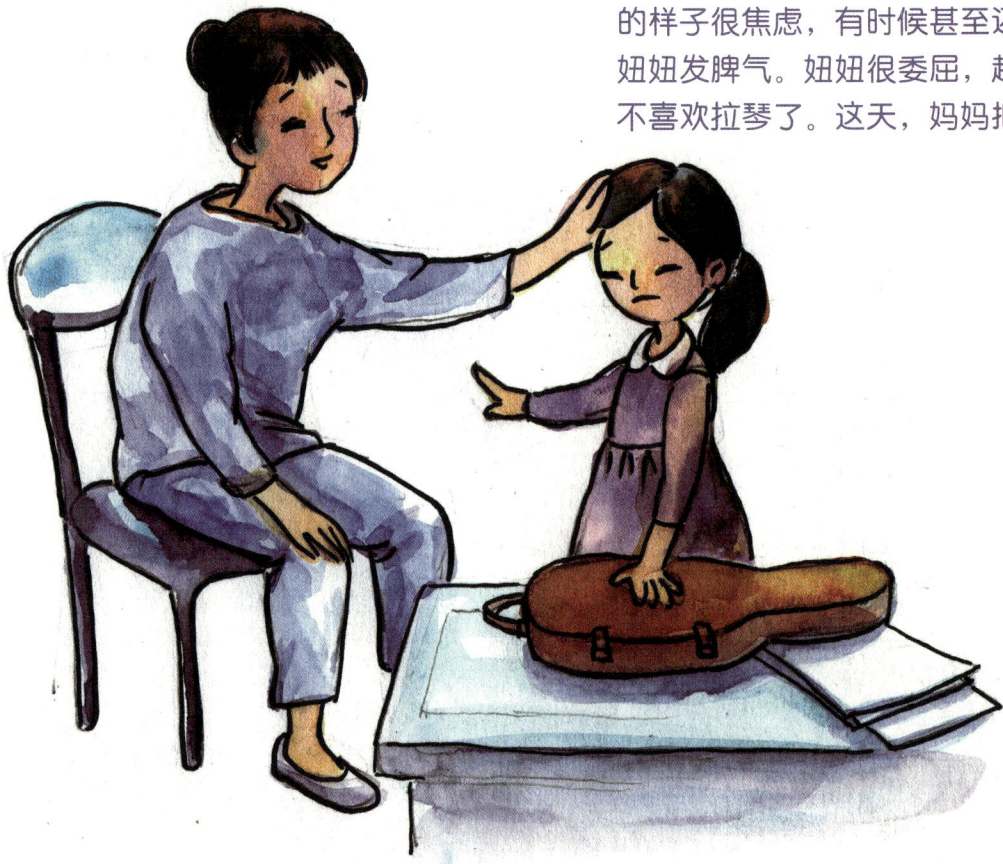

的事情告诉了幼儿园的小王老师，小王老师安慰妞妞的妈妈，并告诉她，孩子的学习方式是以游戏为主的，枯燥的技法练习并不适合孩子。若教授的老师不懂儿童的心理，不了解儿童的身心发展规律和学习方式，用对待成人的方式来教孩子，孩子更是适应不了。对于孩子来说，学习的兴趣比学习小提琴更重要。妈妈听了老师的话，恍然大悟，还仔细阅读了老师推荐的《3—6岁儿童学习与发展指南》，了解孩子学习的方式。妞妞妈妈暂停了妞妞小提琴的学习，带妞妞参加了幼儿园的舞蹈队，渐渐地妞妞变得越来越开朗，每天都和妈妈交流舞蹈队里各种有趣的事情。看着妞妞一天天进步，妈妈也越来越有耐心了。

专家解读

孩子学习乐器不仅是学习一门技能，更重要的是要通过学习乐器来学习音乐，提高音乐的感受能力和审美能力。一味地追求技法学习，只会让孩子远离音乐。目前，很多家长迷信音乐学院的老师技法很好，但这些老师普遍不了解儿童的身心发展规律，教学方法简单粗暴，不适合孩子，更不能以考级过关作为学习的评价标准。

老师的建议很好，家长们如果遇到类似的问题，请教幼儿园老师是一种很好的方法。

189

29 妞妞演戏

　　妞妞是个 5 岁半的可爱的小姑娘，这天，妈妈去幼儿园接她的时候，老师告诉妈妈一个关于妞妞在幼儿园上音乐活动课的故事。原来，今天老师组织了一个音乐活动"孙悟空打妖怪"，妞妞主动要求扮演"老妖婆"，合着音乐做走、看、跑、定的动作，做得可爱极了，小朋友们都被妞妞逗得开心得不得了。可是，到了音乐的尾声，大家要喊"妖魔鬼怪消灭光"的"光"字的时候，要求"老妖婆"要倒地假装晕过去，可是无论小朋友怎么说，妞妞就是不愿倒地装晕。原来妞妞已经进入角色啦，她不愿意输。老师想了个好办法,问小朋友："妖怪可不是真的晕了，而是装晕呢，谁会装晕呢？"妞妞赶快举手，老师让妞妞来试一试，哈哈，妞妞假装躺在地上，无论老师怎么动她的手、脚或者身体，妞妞一动也不动。小朋友都被妞妞逗得哈哈大笑。游戏结束后，大家都为妞妞点赞，妞妞自己也特别有成就感。妈妈听了老师的话，特别开心。原来以为妞妞是个内向的孩子，没想到在游戏中妞妞也能突破自己大胆去表演呢。

专家解读

　　游戏是孩子的天性，在游戏中孩子可以尽情地释放和表达自己,所以，在幼儿园中，所有的活动都应该用游戏的形式来进行。特别是音乐游戏，当抽象的音乐放在好玩的游戏中，用形象的动作来表达时，更容易让孩子全身心地投入，这才是学习音乐的最好方法。对内向的孩子来说，音乐游戏中的情境恰恰是帮助孩子突破自己的良好手段。建议家长也可以在家里和孩子一起做这样的游戏。

30

还有多少站?

公交汽车上，5 岁的小萱靠在妈妈腿上，她们要去外婆家。车开起来了，车窗外不停掠过树木、行人，小萱看了一会儿问妈妈："外婆家有多远?"妈妈笑着说："外婆家很远。"小萱转过头认真地问："很远是多远?"车正好在这个时候进站了，妈妈迅速看了一下站牌，看着女儿的眼睛说："从这儿开始还有 14 站。"汽车继续往前行进，到站刚停稳，妈妈在女儿耳边悄悄地说："还有 13 站。"小萱笑了一下，接着车箱里不时传来娘俩的数数声："11 站、10 站、9 站、8 站、7 站……"

专家解读

儿童学习计数是一个较为漫长的过程，其间要经历"口头唱数—按物点数—说出总数—按数取物或按物取数"的过程，这也表明儿童能够理解计数的含义。最初，儿童是从成人那里有口无心地学会像唱歌一样唱出阿拉伯数字，然后学习将唱出的数字、手指点的动作与实物进行对应，并学会数数的方法，当儿童明白数的最后一个数字表示前边所有的东西总和时，便完成了计数活动最重要也是最关键的部分。儿童对计数意义的理解是从他们的数数实践中逐步发展起来的。

对于一个 5 岁的孩子来说，她想弄明白很多事情，"远和近"在她的问题中包括距离的远近也包括时间的长短，这些内容极具抽象性。如何将孩子流利顺畅地数数与"远和近"这样的抽象问题连接起来，妈妈用了巧妙的方法，抓住了解决问题的小线索并把它顺利放在了女儿的手里，让孩子自己在亲身经历中完成了问题的解答。

31

汽车总动员

　　6岁的小初是个非常喜欢小汽车的男孩，他拥有各种各样的小汽车，大小不一，颜色各异。小初经常对着众多的爱车自言自语，有时还会用纸盒纸箱搭起停车场，自己充当停车场管理员。一天妈妈下班回到家里，看到小初把自己的玩具小车全摆在了客厅的一面墙前，一辆接着一辆，似乎有规律，但好像又没规律。妈妈正在低头琢磨着，小初笑眯眯地对妈妈说："妈妈，你一定研究不出来我是按什么规律放的车。"看妈妈没明白，小初急忙补充道："爸爸告诉我还可以按汽车产地摆放，你看，我是按汽车产地摆的，这边是小汽车，那边是大汽车，妈妈，我很能干吧！"妈妈摸了一下小初的头，打心眼里说了句："你非常能干。"

专家解读

　　通过对物品的区分，将有一个或更多共同特征的物品摆放在一起，这种行为称为分类。分类是儿童游戏的一个重要内容，可以帮助儿童获得逻辑顺序，而这正是儿童形成数学理解的基础。家长要明确的是儿童的数学学习是一个自然过程，在日常生活和游戏中充分调动儿童积极主动参与活动的热情，并为儿童提供丰富适宜的操作材料，为儿童学习分类奠定基础。

　　案例中的小汽车是孩子最喜爱的玩具，在反复多次的摆弄中孩子已经对每一辆小汽车了如指掌，在此过程中孩子建构着自己对小汽车逐渐清晰的认识，其中也包括对小汽车的整理及划分，在这种自然的学习过程中孩子完成着对自我的挑战，家长适宜的语言沟通能够让孩子在概念掌握的过程中步子迈得更加坚实。

蚯蚓的秘密

32

　　一夜春雨过后天空湛蓝，爸爸带着小萱在小区花园里玩。小萱拨弄着小草和小花说着悄悄话，忽然惊恐地大声呼喊："爸爸快来，看，一条小蛇！"爸爸赶快跑到女儿身旁，原来在小路旁有一条蚯蚓。

　　爸爸拉着小萱趴在地上，指着蚯蚓说："你看它

专家解读

长什么样？""长长的，很难看。"女儿往爸爸身后躲了一下，爸爸又说："你仔细看看，它有眼睛、嘴巴和耳朵吗？"小萱从爸爸身后伸出了头，只看了一眼便说："我没看见。"爸爸从路边找了一根小树枝拨动了一下蚯蚓，蚯蚓的身子快速扭动了起来，爸爸又问："女儿，你看，它有脚吗？"小萱摇了摇头。爸爸摸了摸女儿的头说："它叫蚯蚓，我们小区的泥土里有好多，昨晚下了一夜的雨，今天它们就从土里钻了出来，你想知道为什么吗？咱们一会儿回家找本书看看。"小萱使劲儿点了点头。

在孩子生活的周围存在着很多鲜活的生命，它们和人类一起构成了斑斓的世界。家长与孩子参观游玩时可以充分利用一切时机让孩子展开触摸自然的触角，在多种感官的参与下达到对周围事物更加清晰的认识。

案例中的小萱出于女孩子的本能对软体动物比较排斥，但又想要继续了解，从孩子的语言和行为上可以看出，孩子对于自己没有见过的事物有强烈的探知欲望。智慧的小萱爸爸清晰地感知到了这一点，巧妙设计问题，合理解答疑惑。蛇和蚯蚓有相似的地方，却是两种完全不同的动物，爸爸没有马上给出"蚯蚓"的名称，而是设计了巧妙的问题促使女儿细致观察，并提出了后续的可以继续探究的问题，一问一答中不仅慢慢消除了女儿的恐惧心理，而且还利用问题引起女儿更大的兴趣，帮助女儿从直接经验感知事物的方式过渡到间接经验的方式，使女儿进入更宽广的认知领域，更有效地解决了孩子的疑问，增长了知识。

33 会变身的泡泡泥

小初5岁了，最近一段时间非常喜欢玩泡泡泥，他把泡泡泥揉成团，搓成条，变化着各种造型。午睡醒来，小初发现他放在盘子里的泡泡泥捏的汉堡包和油条都变得干干的，想要再团起来是不可能了，小初请妈妈来帮忙："妈妈，怎么把泡泡泥再变软?"妈妈笑着说："做饭时如果面团硬我会再加点水，要不你试试这个办法。"小初端来一碗水，把"汉堡包和油条"放进去，过了大半天之后发现它们并没有变软。"是不是它们太大了，我把它们掰小一点。"妈妈听到了小初的喃喃自语，悄悄把小初的玩具小刀和塑料板放在了他看得到的地方，然后坐在沙发上看起了书。

专家解读

日常生活中孩子接触最多的就是各种物质材料，了解材料的性质及其简单的相互关系，比如颜色、形状、大小、重量、质地等基本特性以及材料在某些情况下会发生的变化，有助于孩子主动地发现事物间的关系和变化规律。

泡泡泥或橡胶泥是孩子在幼儿园或家里经常用到的操作材料，其易操作性深得不同年龄段孩子的喜爱。案例中的孩子依自己丰富的日常生活经验的积累完全自主地进行着探索，在捏、揉、搓、滚的过程中完成着作品，进行着对材料的探知。活动中产生问题，活动中解决问题，该让孩子经历一个什么样的解决问题的途径，案例中的妈妈做了智慧的选择。一方面支持并肯定孩子的想法，巧妙修正孩子解决问题的思路；另一方面大胆提供解决问题的工具，放心让孩子与材料亲密接触，为孩子概念的获得提供有力的支撑。

34 "恐龙蛋"的探索

周六阳光灿烂，爸爸妈妈带6岁的小初去山里远足。树木葱茏，空气清新，清澈的小河里各种石头遍布，小初光脚踩在石头上小心翼翼地走着，他弯腰捡起一块杂色的像爸爸拳头一样大的椭圆形石头高兴地举起来对爸爸说："看，我捡到一颗恐龙蛋，远古来的。"爸爸想起昨晚他们一起看的绘本，里边有对恐龙灭绝的介绍。爸爸说："小初，你很棒呀，这么快就有新发现了。"小初接着说："你看，它是椭圆形的，上边还有花纹，灰色的蛋壳，和我在书上看的一模一样。"爸爸笑着说："你观察得真仔细。""爸爸，这一定是霸王龙，你掂一下，很沉。"爸爸接过来掂了一下，说："嗯，有道理。""你帮我拿着，我再找找还有没有其他的恐龙蛋。"小初边说边走远了，爸爸在他身后又说了一句："仔细找找，恐龙蛋都是一窝一窝的。"

大自然对成人和孩子都是最好的课堂，一树一花，一草一木，甚至一些不起眼的小石子都蕴藏着无穷的奥秘。爸爸妈妈可以利用节假日的时间带孩子走近大自然，让孩子用手、用眼、用耳、用心去倾听、去感受，在此过程中孩子所获得的零散经验经由神秘的自然通道得以贯通。

大自然是天然的教材，蕴藏着孩子学习科学的宝贵资源，爸爸妈妈认识到了这一点，在游玩过程中为孩子提供了适宜的场地，放手让孩子尽情玩耍。从案例中可以发现此年龄段孩子想象力丰富，语言表达完善，观察力敏锐，这些良好品质的养成与爸爸妈妈日常的引导息息相关；爸爸在与孩子沟通过程中非常注重提供支持性的帮助，接纳孩子的奇思妙想并给予更高层次的支撑，让孩子的兴趣与探索欲望在更宽广的空间延伸。

35

环保小·卫士

　　6岁的小红已经是大班的小朋友了，五月的一天下午，妈妈来幼儿园接小红，小红一见妈妈便开心地说了起来："我们老师今天拿来了好多塑料袋，让我们用塑料袋做花做树做衣服，可好玩了。"妈妈故意大声说："塑料袋还有那么多用处呀！"小红赶快接着说："我们老师还让我们把一个塑料袋埋在幼儿园的冬青旁边，说过两个星期再挖出来让我们看。"妈妈听了笑着说："女儿，你猜两周以后塑料袋会发生什么变化？会不会变出更多的塑料袋呢？"小红想了一下，说："妈妈，不会变出更多的塑料袋，不过老师说了，以后去超市买东西不要用塑料袋，妈妈，你带购物袋了吗？"妈妈摸了摸小红的头说："带了，走，咱们去超市。"

专家解读

　　在儿童的成长过程中，让孩子通过各种方式感受环境、人与动植物的关系，幼儿园里教师善于抓住各种机会引导儿童从自身和他人的经验中了解保护自己和环境的途径和方法，使儿童具备基本的环保意识，家长应意识到这点，做好家庭教育工作。

　　案例中可以发现孩子所在的幼儿园在科学活动的设计与实施中细致明确，采用了直观鲜明的方式让孩子亲历事物变化的过程，为孩子了解世界建构知识提供了适宜的方式。爸爸妈妈在与教师及孩子沟通过程中可以多了解幼儿园的具体活动，并在自己日常生活中尽量做到与幼儿园的活动相一致，为孩子建构认知提供一个完整的平台。

36 制作不倒翁

小初是个 5 岁的小男孩，周末的早上，妈妈在厨房里忙碌着，小初的爸爸要过生日了，妈妈准备亲自烤个蛋糕作礼物送给爸爸，妈妈看小初走进了厨房便邀请他一起做蛋糕。小初拿起了鸡蛋按照妈妈教的方法在碗沿上磕了一下，把蛋黄蛋清放到了碗里，手里的蛋壳吸引住了小初，他小心地把蛋壳立在桌上，用手轻轻按了一下蛋壳，蛋壳晃了晃，他又用手轻按了一下蛋壳，蛋壳晃的幅度更大了。妈妈看见了对小初说："瞧，你做了一个不倒翁，不过你可以试试在蛋壳里放点东西，不倒翁会更好玩的。"小初听了妈妈的话，分别把面粉、豆子、盐、水等东西放进蛋壳做起了不倒翁，玩得不亦乐乎。

专家解读

孩子的好动好问体现在很多方面，家里的厨房和卫生间物品丰富，材料操作自由度大，强烈吸引着孩子眼光和脚步。利用日常用品进行科技小制作，在完成作品的过程中了解材料之间的关系，在作品完成之后的玩耍中初步了解一些简单的科学原理。

允许孩子最大限度进行自由探索。在安全允许范围内，放手让孩子进入厨房或卫生间，提供给孩子适宜的操作材料，在鼓励孩子帮助爸爸妈妈做家务的情境中，让孩子完成对材料及材料之间关系的自我建构。为孩子的科技小制作提供思路及制作方法的建议；提供好的点子，用问题的提出引起孩子的思考；为孩子准备合适安全的制作材料及工具，但绝不包办代替。